CHINA STNE

华夏基石
管理评论

从方法论到行动力

华夏基石管理咨询集团 主编

第五十四辑

官方微信

中国财富出版社

图书在版编目（CIP）数据

华夏基石管理评论 . 第五十四辑 / 华夏基石管理咨询集团主编 . — 北京：中国财富出版社 , 2020.5

ISBN 978-7-5047-7150-6

Ⅰ . ①华… Ⅱ . ①华… Ⅲ . ①企业管理 Ⅳ . ① F272

中国版本图书馆 CIP 数据核字 (2020) 第 075618 号

策划编辑 李 晗　　　　责任编辑 邢有涛 李 晗

责任印制 梁 凡　　　　责任校对 张莹莹　　　　　责任发行 白 昕

出版发行 中国财富出版社

社　　址 北京市丰台区南四环西路 188 号 5 区 20 楼　　邮政编码 100070

电　　话 010-52227588 转 2098（发行部）　　　010-52227588 转 321（总编室）

　　　　　010-52227588 转 100（读者服务部）　　010-52227588 转 305（质检部）

网　　址 http://www.cfpress.com.cn

经　　销 新华书店

印　　刷 北京柏力行彩印有限公司

书　　号 ISBN 978-7-5047-7150-6/F·3155

开　　本 889mm×1194mm　1/16　　　　版　　次 2020 年 5 月第 1 版

印　　张 11　　　　　　　　　　　　　　印　　次 2020 年 5 月第 1 次印刷

字　　数 177 千字　　　　　　　　　　　定　　价 88.00 元

华夏基石
管理评论

全年四辑 总第五十四辑
华夏基石管理咨询集团 主编

从方法论到行动力

总 编： 彭剑锋

主 编： 尚艳玲

版 式： 罗 丹

学术顾问团队（按姓氏笔画排序）

文跃然 包 政 孙健敏 杨 杜 杨伟国 吴春波 张 维 施 炜 黄卫伟

专家作者团队（按姓氏笔画排序）

王祥伍 王智敏 邢 雷 全怀周 孙 波 孙建恒 李志华
宋杼宸 张文锋 张百舸 张小峰 陈 明 何 屹 杨德民
罗 辑 苗兆光 朋 震 单 敏 荆小娟 饶 征 夏惊鸣
郭 伟 郭 星 高正贤 黄健江 彭剑锋 程绍珊

华夏基石管理咨询集团知识与市场服务中心
咨询与合作：010-62557029　010-82659965转817　13611264887
读者交流群：微信 s13611264887
网　　址：www.chnstone.com.cn
地　　址：中国北京市海淀区海淀大街8号中钢国际广场六层（100080）

主办

北京华夏基石企业管理咨询有限公司
China Stone Management Consulting Ltd.

CHINA STONE

以激情与理性跨越艰难时刻

2020年年初暴发的一场新冠肺炎疫情，给整个社会先是按下暂停键，然后缓缓启动。3月至今，社会经济生活逐步有序恢复中。由于各地抗疫要求不同，恢复进展快慢不一，由此带来了社会协同上的一些不顺畅，业务节奏放慢；宅家久了，许多员工奋斗激情衰减，工作进入不了紧张状态，上班无力，工作懈怠。经营者们也空前地感到焦虑茫然：疫情的影响究竟会怎样？成本压力该如何化解？如何生产自救？怎么给大家加油鼓劲……

在这样一个艰难时期，企业家更要坚定企业活下去的信念，既要发挥企业家激情，相信相信的力量，又要坚持理性，建设确定的组织秩序与组织能力。

第一，运用文化价值观与机制创新的力量，重塑奋斗激情。

1.回归文化与价值观，重塑员工的使命感、责任感与事业激情。文化是一种信念，越是危难时刻，越要唤醒员工对公司使命和价值观的认同，坚定信念。企业家要为员工描绘未来发展的愿景，将企业家的事业激情、抗疫求生的决心与意志传递并感染到每一位员工。只有员工做事有信念、有激情，找到工作中的价值感、意义感和存在感，才能真正与企业共克时艰，奋力前行。文化传播与管理所激发的力量就是生命力，这一时期恰恰是把文化做实的好时机，要推进文化的整合与落地工程。

2.确立与分解新的挑战性绩效目标。企业应依据疫情影响程度及内外环境变化状况，洞察商机，对企业原有经营目标与计划进行调整，迅速制订疫后的挑战性目标，为企业走出疫情困境指明方向。同时，将调整后的目标进行分解，责任到人，使企业和员工上下聚焦于目标，同心同欲；建立以目标绩效为核心的考核体系与激励体系，通过PDCA循环不断进行绩效改进与提升。

3.创新机制，使员工进入新的持续奋斗的激活状态。要激活人才，还是要在价值分配与激励机制的创新上去激活人才，尤其是在现金流紧张的情况下，加大长期激励和非物质激励。

第二，务实创新求变，活下去是第一

位的。

大疫后期，活下去是第一位的，要想尽办法撑过去、活下来。这时"面子"不重要，保存活下来的"里子"最要紧。

1.要坚定活下来的信心与信念。老乡鸡的董事长在大疫危难之时，在镜头前，手撕员工联名降薪请求并称员工糊涂，"哪怕卖房子、卖车子，我们也会千方百计确保你们有饭吃，有班上。"这掷地有声的信心与承诺，给企业员工注入无穷的正能量和凝聚力。同时企业家及高层团队要静下心来思考企业的未来，集体反思大疫中所暴露的经营与管理问题，探寻活下去的策略和举措，并且以求真务实的态度进行微创新和管理改进。

2.围绕疫中、疫后刚需创新产品与服务，想尽办法创造新的收入点。通过对消费者圈层化、社群化的理解，用新的工具在疫情后期重建消费者关系，进行产品与服务的创新，以增加收入。如蔚蓝生物、影儿时尚等企业利用技术与生产优势，转产口罩、消毒液、防护服等抗疫所需要的紧缺产品。

3.适应产业互联网趋势，找准产业生态协同体系中的定位，推动线上业务，加速实现线上线下融合。为了求生，许多以线下劳动集中或消费集中的企业，开始在不同层面、以不同方式转战线上，试水直播卖货，强化社群营销，内容在线化，全员营销、无接触营销，拥抱平台，驱动线上获客，构建用户池。以此获取现金流，降低损失，维持生存。

4.回归企业的硬核与免疫力。大疫后期，企业能否存活，最终拼的是"硬核"，拼的是组织能力，拼的是系统免疫力。什么是"硬核"？就是你的主营业务强不强，核心产品硬不硬，服务好不好。没有产品力、组织力、免疫力的企业即使侥幸渡过了大疫危机，最终也会被市场淘汰。

强产品、练内功、全面提升免疫力，非临时抱佛脚之功，而是要树立长期主义意识，持之以恒地投入和修炼。唯如此，企业才能渡过疫情生死关，借此走上长"牛"征程。

郭剑锋

CHINA STONE MANAGEMENT CONSULTING GROUP

华夏基石管理咨询集团　最懂本土企业的研究型管理咨询机构

管理构筑基石　　咨询智启未来

创始人：彭剑锋

中国人民大学劳动人事学院
教授、博士生导师
华夏基石集团董事长

由中国本土管理咨询业开拓者之一、华为"人大六君子"之一、著名管理咨询专家**彭剑锋**创办。

会聚了近**500位**毕业自国内外知名学府，既具有扎实的专业理论功底，又有丰富实践操作经验的资深顾问。

由50多位知名教授学者、中青年专家组成的**智库团队**。

中国企业联合会管理咨询委员会副主任单位；2015—2017年连续三年入选"中国管理咨询机构50大"名单，并蝉联第一；先后荣获"人才发展服务杰出供应商""最具满意度的综合性服务机构""客户信任的管理咨询机构""中国咨询业十大领导品牌"等**多项荣誉称号**。

为客户创造价值
与客户共同成长

为中国企业成长导航
真问题、真方案、真落地
是我们独特的核心能力

30年管理理论与实证研究，**24年**本土咨询实战经验，**16年**华夏基石品牌塑造之路；为千余家客户企业创造咨询价值，陪伴中国企业**500强**成长，我们一直都在！

咨询产品与服务代表性案例——

企业文化方面：华为基本法、华侨城宪章、美的文化纲领、联想文化研究、苏宁易购文化重塑与企业家思想研究、传化文化建设与落地工程、小康集团基本法、伊利股份企业文化落地、宁德时代奋斗者文化与干部队伍建设……

组织与人力资源方面：温氏组织变革与绩效管理、中设设计集团拼搏者文化建设和人力资源管理纲要、国家电网平台型组织研究与人力资源管控模式、北京商业银行任职资格体系建设、江苏电力人力资源战略规划、顺丰集团组织效能提升……

领导力与事业合伙机制方面：小米领导力提升、歌尔声学领导力发展、百果园事业合伙人及人力资源体系建设、维也纳集团多层级事业合伙人机制设计、步步高集团顶层设计与事业合伙人机制设计、安踏集团领导力模型与干部队伍建设……

战略设计与落地管理方面：新希望六和集团微利经营与服务营销战略、美的营销"第三条道路"、新奥集团发展战略、金正大集团发展战略、保利发展集团产业发展战略……

电话：400-0079-000　　010-82659965（总机）

官方网站：http://www.chnstone.com.cn

训战咨询 BATTLE TRAINING CONSULTING
——更好的落地，更好的效果！

企业在咨询合作时，往往存在以下三个痛点

01 解决方案不切实际
能不能真正切合企业实际需求提出解决方案，帮助企业解决问题，促进其成长？

02 团队能力滞后于企业成长
能不能提供咨询方案的同时，训练团队使其进步？

03 变革方案与团队共识、团队行动脱节
所有方案背后是团队的共识与行动，能不能避免方案与团队共识、行动脱节，将方案设计与团队共识、行动统一起来？

解决三大痛点，华夏基石集团董事长彭剑锋领衔，以华夏基石"双子星"夏惊鸣、苗兆光为主体，成立华夏基石双子星管理咨询公司，专注于训战咨询以实现更好的落地，更好的效果！

训战咨询是什么

01 训战咨询
就是"方法培训、团队训练、形成方案、达成共识、督导行动、持续改进"一体化闭环的咨询方法。

02 一般流程
培训、练习——企业团队形成研究小组；设计方案初稿——演示、咨询、讨论、修改——定稿——明确方案负责人；行动——复盘、改进。

训战咨询业务板块

围绕"增长/成长"提供系统的训战解决方案。根据实际情况，可选择一项或者组合。

咨询电话：010-62557029
**　　　　　13611264887（尚老师）**

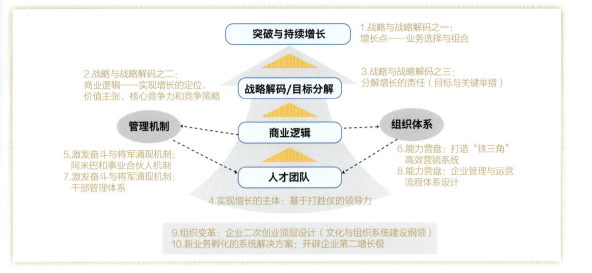

训战咨询业务版块简介

01 卓越企业的成功之道

通过解剖华为、美的、小米等企业成长历史和系统化的管理经验，让企业团队认识卓越企业的成功之道，起到开阔视野、激发激情、营造变革氛围和达成初步共识的作用。
主训导师： 彭剑锋

02 战略与战略解码

战略分析；战略纲领；各业务单元、各部门战略绩效；跟踪辅导绩效管理PDCA循环。
主训导师： 夏惊鸣

03 基于打胜仗的领导力

基于夏惊鸣老师的打胜仗领导力模型，进行培训、反思、改进行动计划、复盘，能更快速地提升干部基于打胜仗的领导力，培养一支能打仗、打胜仗的管理干部队伍。
主训导师： 夏惊鸣

04 阿米巴与事业合伙人机制

顶层设计、经营哲学提炼、组织经营单元划分、量化分权制度建设、内部价值核算与交易、业绩与运营分析、激励机制与应用、"巴长"人才工程、合伙人管理办法、合伙人激励方案。
主训导师： 李志华

05 "铁三角"高效营销系统（适合2B业务）

借鉴华为"铁三角"高效营销系统经验，结合企业实际，输出销售布阵改进方法、销售标准行动改进方法、销售运营管理改进方法以及销售组织和人力管理变革方法。
主训导师： 赵挺

06 干部管理体系

以华为等优秀企业经验和管理咨询实践为基础，为企业构建干部管理体系，促进企业"将军"辈出、始终处于有效管理状态。干部能力模型以及标准；人才盘点；干部管理方案。
主训导师： 葛晶

07 管理与运营流程体系设计

组织模式与组织结构体系；分权手册及操作说明；流程手册与操作说明；岗位操作指导书。
主训导师： 胡向华

08 二次创业顶层设计(文化与组织系统建设纲领)

共同纲领；变革行动计划；复盘评估。
主训导师： 苗兆光

09 开辟企业第二增长极（新业务孵化系统解决方案）

新业务孵化系统解决方案，从业务路线规划、团队搭建、组织治理、机制设计、文化氛围等方面做出整体安排。
主训导师： 苗兆光

南宋龙泉窑粉青釉莲瓣纹碗

龙泉窑属南方青瓷系统，因位于今浙江龙泉县而得名，是宋代六大窑系之一。龙泉窑创烧于三国两晋，南宋中晚期进入鼎盛时期，结束于明清，生产瓷器的历史长达1600多年，是中国制瓷历史上最长的一个瓷窑系。龙泉窑烧制的瓷器畅销于亚洲、非洲、欧洲的许多国家和地区，是宋元时期最重要的外销瓷之一。

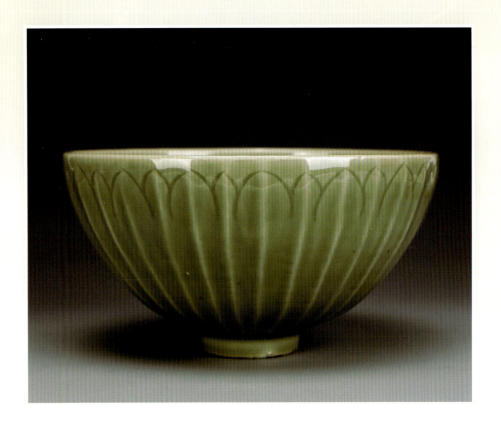

　　龙泉窑以烧制青瓷而闻名，北宋中晚期是龙泉窑发展的重要时期，并开始形成自己的风格。胎体较为厚重，但造型规整，釉色由淡青转为青黄，产品多以生活用具为主。到了南宋，由于北方窑工的南迁，带来了先进的青瓷制作工艺，使龙泉窑的发展到了鼎盛时期，兼之受到汝瓷的影响，开始烧制出釉汁乳浊肥厚、发色青翠，形成了使龙泉窑声名显赫的粉青釉和梅子青釉瓷，器型亦应有尽有。

　　莲瓣纹碗可以说是南宋龙泉窑青瓷的经典造型之一，此件莲瓣纹碗

器型浑圆端正，弧腹呈立体的莲瓣造型；小圈足，足底略呈锥形，修足平整；内外皆施粉青釉。粉青釉是龙泉窑首创的略带乳浊性的一种青釉。在石灰釉内掺入"乌釉"制成的石灰碱釉，因而釉层内含有大量小气泡与未熔石英颗粒，能对进入釉层的光线发生强烈散射，使釉的外观产生晶莹温润的视觉效果。釉色青绿淡雅，釉面光泽柔和，达到类玉的效果，莹润温婉，为青釉中最佳色调之一，被誉为"青瓷之花"。此碗不但釉质丰厚，呈现粉润嫩泽的青绿色，口沿及弧壁莲瓣的凸起处还呈现出"筋"效果，莲瓣顶端则以刻花法绘出花瓣尖端，起脊薄釉处色泽清淡而斜刀刻线处则釉色沉积浓重，花瓣层叠刻画和釉水的浓淡变化，形成丰富的立体层次感。恰如一朵盛开的青莲，给人沉静温婉的清雅之美。

碗内壁一色粉青，光素如春水微澜，纯净清透；底足露胎，胎质坚实紧致，胎色洁白，可见火石红，俗称朱砂底。火石红的形成是因为瓷胎含铁量高，一种是在烧制的时候，铁元素随水汽逸出，在露胎处形成火石红，还有一种是随着时间的推移，瓷胚中的铁元素缓慢地逸出，在露胎处形成火石红。火石红的现象在龙泉窑、景德镇窑这类浅胎色瓷中比较常见，现在也可以直接烧制出来，不过古瓷中露胎处那一点氧化红则是无法仿制得像的。

明代以前的瓷器，一般多为蘸釉或泼釉法，内壁采用荡釉法。瓷胎表面一沾油性物质，则挂不上釉。釉有流动性，部分地方流釉后露胎。所以明以前瓷釉面一般都会有缩釉点。这是当时生产无法避免的毛病，却是今天鉴定的精要。此碗外壁即有一处天然缩釉，虽微瑕，却丝毫难掩其独特的传世之美。

（藏品来源：易手淘微信小程序）

目录
CONTENTS

华夏基石管理评论

企业家的案头参考书，领导干部培训实用教材！

联系方式：010-62557029　微信：s13611264887

本期专题

CHINA STONE ▶▶

全心全意为人民服务，从企业家的角度来讲就是"以客户为中心用心去经营"，强调把事情做正确，正确地去做事。福田区的企业服务探索实践赋予了"全心全意为人民服务"在服务于企业发展方面的全新内涵，是实践上的一个创新。

——彭剑锋

福田实践：市场意识、客户导向下的服务价值探索

——深圳市福田区企业服务创新实践解析

> 政府与企业之间最好的连接器和润滑剂是什么？企业究竟需要什么样的发展环境？如何才能高效集成配置资源服务于共同的发展目标？如何建设良性进化的商业生态系统？
>
> 福田企服中心在引领企业发展价值、人的发展价值、社会发展价值、未来发展价值的同时，成就了政府前沿服务的价值，并赋予"服务"以全新内涵。

华夏基石"3+1"论坛第30次活动

研讨嘉宾

黄恒学　北京大学政府管理学院教授、博士生导师

孙健敏　中国人民大学劳动人事学院教授、博士生导师

彭剑锋　华夏基石集团董事长，中国人民大学劳动人事学院教授、博士生导师

冯向阳　深圳市福田区企业发展服务中心主任、"在意"服务文化创始人

特邀主持

郑　寰　《中国领导科学》副总编

策划/主持/文字

尚艳玲　《华夏基石管理评论》主编、企业文化咨询与研究顾问

供图

福田区企业发展服务中心

■ 注：本次研讨以网络会议形式开展

以发展为纲，
政府服务创新的福田实践

■ 作者 | 尚艳玲 《华夏基石管理评论》主编、企业文化咨询与研究顾问

最先吸引我们关注福田区企业发展服务中心的（以下简称福田企服中心，或企服中心），是一本与众不同的政策服务宣传册《在意——深圳福田企业服务》，每一个在福田辖区的企业都能收到这样一本小册子。封面之上，"在意"二字赫然在目。

何谓在意？"福田企业，不分大小，我们在意！企业发展，不管喜忧，我们在意！发展进程，不论快慢，我们在意！"

作为政府服务组织，是什么在引领着服务创新探索，又是怎样的实践支撑他们提出"在意"文化？"在意"文化如何操作落地？带着这些问题，我们对福田区企业发展服务中心的服务实践进行了调研访谈，由此展开了一趟耳目一新的服务创新观摩之旅。

任何一个成功实践，其内容总是多层次、多面向且异常丰富的。我试图从中提炼出一些可以表述出来，以资借鉴的内容。比如，纲举目张，福田在服务创新实践中，究竟以何为纲？

在与福田企服中心的冯向阳主任多次交流后，我们比较一致地认为"发展是纲，价值是纲"。福田企服中心在服务实践中始终围绕着如何能使政府、企业等相关各方统一对服务价值的认识，把服务的目标统一到更高的价值目标，

在意服务：规则理性 + 服务适配

即贯彻落实党的建设和政府的方针政策、服务于社会经济发展与创新驱动经济结构转型升级上来，由此站在服务前沿，打造前沿性的服务模式。

简单概括的话，就是一个词：发展。政府是为了发展，企业也是为了发展，发展是硬道理。发展是我们党的奋斗目标，是党领导下的政府工作的主要着力点，是福田统筹所有力量的关键指挥棒。

但是，发展不能简单地等同于经济发展，它包括社会经济发展、精神文明建设，也包括人的发展。归根结底要实现人的发展，只有人的发展、人的价值充分实现才是"中国梦"的实现。

当相关各方都把发展作为第一目标、第一要务时，把服务企业发展就是落实党的宗旨、政府工作要求作为共同的价值追求时，各方之间就能真正的统筹联动，成为服务于发展的一个要素、一个发力点，共同建设良性的发展环境。**以发展为纲，意味着服务不是僵化的，服务是被需求定义的，是被环境影响也影响环境的，是与时俱进的……**

企服中心自成立以来，7 年多的时间里，共发放了各类资金 60 多亿元，分配了几万套住房，其间没有发生一起违法操作的案件，没有查办过一个人，没有接到一起投诉。可以说，这是一个不大不小的"奇迹"。"奇迹"的背后就是福田企服中心在引领企业发展价值、人的发展价值、社会发展价值、未来发展价值的同时，成就了政府前沿服务的价值，并赋予"服务"以全新内涵。福田的服务创新实践值得从公共服务创新、组织治理探索、客户价值定位、服务升维与微粒化等各个角度解析。

以下概括性介绍一下福田企业发展服务创新实践举措。

一、福田区服务创新实践背景

随着粤港澳大湾区建设大潮拉开序幕，深圳的发展步伐迈得更加坚定自信。深圳之所以始终保持着良好的发展优势，而且在城际竞争中有着突出的核心竞争力，与它始终站在改革开放的桥头堡、明确的城市发展战略定位、坚定推进市场化建设、不断深化政府改革建设服务型政府等原因息息相关。在这些理念引导下，深圳着力建设世界一流的营商环境，吸引全国乃至全世界的创新人才、精英人才在此逐梦筑梦，激情奋斗。

2018 年年初，深圳对照世界银行营商环境标准，出台了营商环境20 条，将政府各项职能都纳入营商环境工作当中。而早在这项政策正式出台之前，深圳已在自己的城市客厅——福田区，进行了建设前沿营商环境探索和政府服务企业模式创新，于 2012 年成立了深圳市福田区企业发展服务中心。

福田区为深圳市的中心城区，是深圳经济、政治、文化、信息、交通和会展中心，集中体现了深圳乃至全国改革开放和现代化事业的成就和形象。在面积仅为 78.66 平方千米的福田区，聚集着 46 万家商事主体，培育了 79 家上市公司，集聚了深圳市 70% 的持牌金融机构和 50% 的创投机构。2019 年经济总量已超过 4500 亿元。

服务是营商环境的核心，因为服务创新，福田区的企业家称赞福田为"创业福地、创新福地、梦想福地、价值高地"。

二、机制创新：精简机构、整合资源、整合职能、统筹联动

福田区的集聚效应，正是深圳优渥的营商环境之缩影。而服务是营商环境的核心指标。

（一）精简机构，充分授权、鼓励创新

2012 年，企服中心由原来的"辖区企业服务办公室"和"华强北管理委员会办公室"合并而成，直属于区政府，并将区服务企业工作领导小组办公室设在企服中心，由区长兼任企业发展服务工作领导小组组长。就是所谓的"一个牌子、两种职能"，这种机构精简和垂直领导的方式，便于更好、更高效地行使政府职能。对于所有企业的诉求，中心都可以协调各职能部门，提供整体解决方案。企服中心在收集企业意见的基础上，可以提出政策建议、牵头拟定或参与拟定企业服务政策，从而使政府对企业的服务更加高效，出台的政策更符合实际。同时，区政府赋予企服中心按照"国际一流企业服务综合平台"的目标大胆创新、勇于探索的权限，围绕建设一流营商环境和一流综合企服平台的目标，鼓励在方式方法上大胆探索。后来的实践证明，这种"一竿子插到底"的领导方式，以及充分授权一线来"呼唤炮火"的机制创新，是福田区进行前沿服务探索的有力保障。

（二）整合资源，建立企业信息库和政府资源信息库，发挥政策资源集中配置的精准化、高效率优势

企业信息库包括综合信息库和问题需求库。综合信息库主要是重点企业、重点商务楼宇、重点商协会的基本信息及服务需求；问题需求库则是通过网格化动态采集、分行业召开座谈会等形式收集上来的具有行业特征或产业特征的问题，即相对个性化的需求信息。

政府资源信息库主要以政策为主，包括产业资金政策、企业住房政策、创投基金政策、人才发展政策、产业空间用地政策、企业家关怀行动、政府项目"代建制"、企业债"直通车"以及教育、医疗卫生、文化体育等公共资源信息。通过以企服中心主导的资源信息库的编制，使得政府政策信息和配置方案公开透明、配置信息清楚准确。

企业信息库和政府资源信息库的建设，使得政府可以动态保障企业需求，更为精准化、高效率的配置资源。

（三）整合职能、统筹联动，统一端口、顺畅沟通

福田区将以往各个部门为企业服务的碎片化职能整合起来，形成职责清晰又有机联系的服务组织体系：职能部门配套服务、监管部门保障服务、党委政府主导服务、产业部门专业服务、企服中心平台服务，部门间各司其职又协调联动，搭建了政府和企业之间顺畅沟通的桥梁。

企服中心是福田区企业服务的"前台"和"总台"。经过几年的摸索与实践，企服中心现在已集成了服务的职能、政策、信息、技术等要素，从四个维度打造政府服务企业的综合平台，即入口出口统一融合的枢纽平台，专业运营常态运行的基础平台，线上线下融合联动的共享平台，阳光监管便利高效的智慧平台。

企服中心是政府与企业联系的"出口"和"入口"，政府服务企业的所有政策从这里到达企业，企业的所有需求与问题也从这里反馈到政府。企服中心建设了线上线下融合联动的企业服务大厅。所有政策信息查询、进度和结果查询、受理投诉、预约办理等网上申办事项与线下打通。线下有福田区设立的行政服务大厅，提供服务窗口 54 个，所有职能部门在此集中办公，集合了全区 24 家职能部门的 545 项行政审批和服务事项，

充分授权
福田区企业发展服务中心直属区政府
履行区服务企业工作领导小组办公室职能

拟制政策
搜集企业意见，提出政策建议
牵头拟定或参与拟定企业服务政策

组织实施
统一受理企业申报和拨付
负责筹备组织产业发展联席会

综合运营
协调各职能部门，面向所有企业
提供整体解决方案，负责服务兜底

统筹资源
整合政府的产业资源、政治荣誉
资源、公共服务资源，编制清单

评价反馈
编码管理企业反映问题办理情况
资源、公共服务资源，编制清单

福田区入口出口统一融合的企业服务枢纽平台

统一受理企业的申报。简单点说，就是企业能在线上办理的业务基本都能在线上办理，在线下办理的业务进度、结果等通过网上平台也能及时获知。由于集中审批和监管，台账完整清晰，过程公开透明，政商的互动既"亲"又"清"。

三、重在操作：福田区"三化一分"的服务操作系统

福田区"三化一分"的服务操作系统，是集成化、标准化、专业化和分布式的简称。"三化一分"的具体内容如下。

（一）集成化服务

整合一个服务平台。实现服务职能、服务资源、服务供给的系统集成，形成协同效应，降低企业协调成本，破解了服务信息不对称、资源分散和"碎片化"难题。

形成一个政策体系。梳理各产业部门的产业资金、人才住房、产业空间、产业用地、配套服务等政策，形成一套平衡、统一、简明的政策体系，实现线上线下、前台后台的信息对称、口径一致，切实提升了政策的知晓度和兑现力。

设立一个办事窗口。以把企业的事情真正办好为出发点，开设企业服务综合窗口，统一受理企业各类文件报送、各项申报和各种咨询。

研发一个手机 App。打通部门信息连接，建立全区企业服务综合信息平台，

动态管理并实时呈现6500家重点企业、150家行业协会、100栋重点商务楼宇信息,并率先研发智能服务手机App,安装政策服务机器人,尝试实行智能化服务,实现政策、服务推送精准及时,政策查询、诉求反映一键完成。

建立一个联办机制。综合企业规模、行业地位、成长性等基础数据,每年遴选1000家企业作为领导和部门挂点的重点服务对象,安排专员提供"一对一"送政策、送服务上门服务,建立统一编码管理的联办机制,融合联动解决企业反映的各类问题,2012年以来按照"独办、分办、联办、专办、报办"等方式共解决企业问题5129个,及时化解企业的痛点难点。

(二)标准化管理

明确决策规则,厘清服务边界。系统梳理政府服务权责和资源,建立决策管理标准,明确服务方向和范围,企业可以清楚地知道哪些事可以找政府,哪些事应该找市场,确保政府服务"到位不缺位、有为不越位"。

创新资源供给,优化资源配置。针对企业用房难、用人难、住房难、融资难等共性问题,统筹产业发展资源,制定政府资源清单管理标准,明确资源清单、配置规则、申请条件、申请流程,使企业对政府的产业资金政策体系、产业用房支持办法、企业人才住房配售和配租办法等政策措施"一目了然"。

实现融合审批,简化流程环节。制定产业发展联席会议工作标准,将产业资金、产业用房、招商引资等产业发展资源按照统一的配置规则,分头初审、联席审批、集中公示、及时拨付,大大压减了申报材料、压缩了审批周期、压小了自由裁量空间,确保同类同等的企业获得同等的支持,实现了审批、监管、服务的有机联动,防范了腐败的滋生。2012年至2019年,福田区办理了17812个支持项目,发放产业资金70.57亿元,为企业配租人才住房9892套,没有发生一起投诉,没有出现一起腐败案件。

构建指数模型,开放体验评价。突破以价值判断代替效能判断的问题,建立企业服务满意度指数和营商环境评价指数,构建了32个满意度评价指标和103个营商环境评价指标,通过随机抽取服务对象,对各部门服务和福田区整体营商环境进行开放式评价,验证标准运行和制度供给效果。企业服务满意度达 88.7 分，营商环境指数连续稳定在 85 分以上优秀水平。

（三）专业化运营

福田区按照运营的理念，在精准、精细、精确上做文章，通过"清单＋平台＋专员"为企业提供品质稳定、高效及时的服务。

建立服务清单，实现"照单抓药"和"按需配药"。通过统筹政策资源，每年生成产业资金、产业空间、人才服务等资源清单，并为 3000 家企业匹配个性化的"政策清单"，以"菜单式"向企业推送一揽子的简明服务信息，方便企业"照单抓药"；通过走访企业、召开座谈会、挂点服务、窗口受理等渠道整理收集企业历年反映的问题，编制重点企业"问题清单"，企服中心提供解决方案，转相关部门办理，实现"按需配药"。

建立专业平台，实现"政策速配"和"即时反馈"。运用最新的信息化技术尝试智能服务，建立包括企业信息、政策资源、服务档案综合数据库，企业通过手机 App 输入税收、营收、资质、研发投入等核心数据，后台为企业自动匹配可申请的政策。同时打通连接，提供智能法务、智能税务等服务。

（四）分布式服务驱动

主要是发挥商协会"功放器"作用，激活市场要素，扩大服务覆盖面。支持、引导、监管商协会的运行，连续三年每周三下午到商协会开座谈会，引导商协会更好地发挥服务功能。出台了"商协会专项支持政策"，按照民间性、规范性、关联性对商协会进行"活力评估"。福田辖区的商协会在市场化、专业化、职业化建设上走在了全国的前列，在化解市场风险、招商引资、品牌建设、知识产权等经济发展的各方面，真正发挥了"感应器""减震器""功放器"的重要作用。

四、专员队伍：科学管理打造专业化服务团队

一是实行专员服务，实现"常态检测"和"动态响应"。为确保服务好 1000 家重点企业、2000 家观察企业，企服中心采取全员服务专员制，要求全员了解企业，理解企业的需求，熟悉各职能部门的服务事项，从而能面向企业关注的共性问题，举一反三，展开问题研究；同时能及时发现企业的个性化问

题，迅速出台响应措施予以化解。

如针对福田辖区企业白领就餐难的问题，由服务专员倡导发起，推动设立10个"白领大饭堂"，鼓励中心区的11座商务楼宇自建食堂，让65万名白领"就餐不难"；针对住房成本高，创新方法，开发建设企业人才住房，推动水围村等城中村出租屋公寓化，改造住房1500套，缓解了重点企业核心人才的住房难题，等等。

二是通过科学管理和文化建设，打造专业化服务队伍。福田企服中心之所以能开创出一种前沿服务模式，做成很多开创性的工作，很重要的原因是运用科学化的管理、企业化的运营、激励式人才培养建设了一支高素质、有战斗力、纪律性强、专业水平高的"铁军"。

在企服中心流传着几个内部管理与文化建设的故事，如"把信送给加西亚"的故事，强调不问缘由、不讲条件地行动起来，不怕困难、只看结果的坚决执行，在行动和执行中改进。眼睛里只有目标，脑子里只有如何把这件事干成，因想法纯粹而专注。这是行动力和执行力的第一个境界。而行动力和执行力的第二个境界就是超越期望，不仅要完成目标，而且要高标准地完成，创造性的完成。

"女人需要什么"的故事，回答的是如何服务于企业，强调尊重需求、尊重愿望。"女人需要什么？——由女人自己决定。"企服中心由此提出服务工作的"三敬畏"：敬畏规律、敬畏责任、敬畏需求。还有，"这事儿只有你能干"的故事，激发每个人的自驱力……

严格遵守工作行为六大法则：汇报工作说结果、请示工作说方案、总结工作说流程、布置工作说标准、关心下属说过程、领导工作别盲目。这是企服中心内部团队的管理法则，目的是做好三件事——做应做的事，即担责任；做需要做的事，即讲纪律；做正确的事，即高要求。

五、创新逻辑：福田服务的"六个+"

福田企业服务的创新之举和操作实践背后，究竟遵循的是什么逻辑，这种逻辑又来自哪里？企服中心的回答是：实践出真知。福田企服中心将这些年来的服务创新举措背后的逻辑归纳为六个"+"："市场+""规则+""实践+""平台+""能力+""生态+"。

（一）"市场 +"

"市场 +"是福田服务创新思维的起点。符合市场发展的需要，需求导向、问题导向就是市场 +，以人民为中心就要以市场为中心，以市场导向为原则，以市场思维为起点。为什么这么说？因为市场最大的功效、最大的能力，就是它能够协调无数人的选择。政府服务得好不好，市场说了算，要看市场的反应。

（二）"规则 +"

就是政府做任何服务的举措、管理的举措，一定是从维持经济社会秩序稳定、遵守党和国家的规章制度为出发点。即便是实践探索，也要在制度规则内进行的探索，而不是超越制度规则的随意探索。制度就是标准，标准化就是制度的具体化，服务标准跟规则制度加起来，就是在服务创新和操作时要始终有规则意识。规则保证了秩序的稳定、秩序的可预期，这与市场 + 是一脉相承的。

（三）"实践 +"

就是服务创新要来自实践、落实于实践、有利于实践。要将市场 + 的思维、规则 + 的意识付诸服务创新实践，就是有实践的专业能力、要去发起行动、要

有操作系统。政府工作人员，所有人要去实践，要成为"实践家"，党培养的是要有实际操作能力的人，贯彻落实党的方针、党的最新要求，就是要求全党落实到实践中去，在实践中完善和丰富党的理论；要主动发起行动，创造性的落实；并且要掌握一套行之有效的操作系统，而不是浮于表面、流于形式。

（四）"平台 +"

平台最重要的价值就在于枢纽价值。古语说"流水不腐，户枢不蠹"。什么是"户枢"？就是支撑门的柱子。企服中心刚开始成立的时候，很多部门并不清楚它们究竟是干什么的。按照级别，它们是个事业单位，所以在发起和统筹事务时会不被理解。曾经有一个领导就打电话来质问："你们是什么单位，凭什么给我们发通知？"现在，这位领导是对企服中心发起事项最积极拥护和协助者之一。这其中的转变就是企服中心真正发挥出了政企之间联系的枢纽作用，整合社会资源对社会进行有效治理的平台功能。

（五）"能力 +"

服务能力是服务经济时代的核心能力，而服务能力的核心是"作于细"。"天

下大事，必作于细；天下难事，必作于易。"服务能力由很多要素构成，但核心在于能将复杂的事情分解成结构、具象为标准、运营为操作方案，输出良好的体验。福田企服中心把提升服务能力作为内部运营的主要抓手，包括将服务工作分解成模块完成的职能工作，将服务解决方案系统化为流程运营，将每一项具体工作输出为标准化操作文件，将人才队伍培养成专业化的队伍。如此，形成了后台的模块化、系统化、专业化运作，输出为前台服务工作的简便化、规范化和人性化。

（六）"生态 +"

不管是"市场 +""规则 +""实践 +"还是"平台 +""能力 +"，都是服务的环境条件、操作方式、实现路径，归根结底，最终的目标是要用生态型服务营造一方商业生态。福田企服中心以"在意"为服务纲领，通过"在意"文化润物无声般的隐性支撑作用，通过平台化和分布式服务，进行人为的整合、融合、拼接工作，目的在于营造环境，就像阳光空气和水、土壤、气候共同作用于大自然生态一样，让相关各方能在这个环境中拥有生发与共生、交互与影响、竞

争与演变的进化发展能力。

"生态 +"的服务逻辑，可以说是，发挥政府"有形的手"制造积极变量，然后把变化和发展的神奇交给市场这个"无形的手"。

六、重塑服务：以"在意"引领服务创新

"在意"的功效在哪里？为什么福田企服中心提出"服务的本质就是'在意'，没有'在意'就没有服务"。冯向阳主任是这样解读的——

第一，"在意"强化了通用共性服务和精准个性服务的协同。这里强调的是协同，而且是两种服务理念的协同，因为现实中往往要么强调个性服务，要么强调共性服务，真正"在意"的服务是协同一致、集成的服务，它既是共性的，也是个性的。

第二，"在意"优化了常态存量服务和动态增量服务的平衡。既要提供法律法规规定的常态存量服务，也要与现实结合起来，提供社会经济发展进步新提出来的要求（增量服务），这样服务才有价值。也就是说，只有"在意"的服务，才能保证服务是动态调整、持续

改进的。

第三，简化了终端操作系统和整体解决方案的连接。要使终端操作便利化，操作简便、体验感好，一方面要简化操作系统，另一方面是提供整体解决方式。比如"清单式"服务、"入口和出口统一"等，就使操作端与接收端两个端口的连接变得更直接，服务就更容易实现。

第四，催化了市场意识和服务意识的融合。为什么？服务就是市场化的意识，虽然市场化改革取得了巨大的成就，但从全国来说，市场化的意识仍然需要进一步的深化、普及，所以要强调市场意识。市场化意识、市场化文化要跟中国共产党的服务宗旨、中国共产党党性融合在一起。党领导中国特色社会主义经济建设，指导市场经济建设，所以党性意识要体现为市场意识和服务意识。市场意识、党性意识的融合，体现到政府服务上，就是服务意识。

第五，"在意"引领着规则理性、服务适配的创新。"在意"在服务上的创新，就是从过去管控式、施予式的服务转变为"规则理性、服务适配"的创新服务。彰显着成全他人、成就他人的境界，兑现了政府服务的承诺。在福田区，政府的服务承诺就是：让福田认识您，让福田激励您，让福田温暖您，让福田成就您。因为"在意"，我们做到了这四个承诺。

第六，支撑着集成化、标准化、专业化和分布式服务模式的演进，整套服务的模式就是"三化一分"。"在意"是用四个模块共30条的服务操作模式来支撑的，是用真金白银的产业发展资金来支撑的，它不是空话。服务模式是因为"在意"才会演进，如果不是因为"在意"，不是放在心上的守望，不可能有演进。

因为"在意"，企业选择福田，资本信任福田，梦想寄托福田。

冯向阳经常讲这样一句话："人们对服务的期待总会多于现实，有一颗成全他人的心，将不经意地带你领略到前沿的风景和温暖的奇迹"。或许，这是

对"在意"与服务创新之间关系，最富诗意的表达。

七、升维服务：构建商业生态系统

什么是服务升维？意指一种服务模式的创建者、服务提供者能站在更高的维度去看待和思考时代发展趋势与服务的价值，不断打破原有认知，从而实现思维与认知的自我突破，促进服务能力、服务文化、服务模式、服务品质及服务组织建设等多方面的全面升级。

什么是商业生态系统？美国战略学者詹姆斯·穆尔于 1993 年提出"商业生态系统观"。商业生态系统是指在一定时间和空间内由企业、消费者、市场和政府共同构成的一个群体，它们在商业生态系统中担当着不同的角色，各司其职，但又形成互依、互助、共生的生态系统。与自然生态系统中的物种一样，商业生态系统中的每一个环节都是整体的一部分，每一个组织最终都要与整个商业生态系统共命运。因此，构建一个和谐共赢的商业生态系统至关重要。

福田企服中心通过服务升维，在生态文明、科学发展观的引领下，不止于创设良好的营商环境，而是站到服务前沿，通过生态型服务，构建商业生态系统。

构建商业生态系统，核心是发展观的突破与创新，发展观是个指挥棒。党

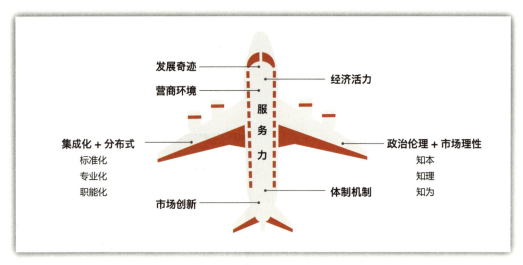

服务力驱动营商环境迭代升级

的十八大以来，福田区更在意高质量地发展、科学地发展、全面地发展。在高度发达的市场经济和优越的社会主义制度背景下，福田区更懂得如何用好政府这只有形的手，去推动市场、优化市场，而不是妨碍市场。面对企业这一市场主体，福田区给予的是"在意"，而不仅仅是管理，由此，"在意"文化在福田区发轫，成为不断优化营商环境的"隐形"推手。

深圳模式一直代表着未来的模式，福田区又以"在意"服务引领着深圳乃至粤港澳大湾区发展的脚步。福田区为企业服务"执牛耳者"，由此营造出国际一流的营商环境、商业生态系统，以及具有人文情怀的文化温度和柔韧而强大的市场文明力量。

福田区企业服务实践中的思维创新与洛地操作系统，并不仅是一种地方特色的实践，而是国家治理体系和能力现代化的有益探索案例，具有深刻的借鉴与推广价值。

"在意"，是福田区企业服务的标识。福田区在意企业需求，在意企业的体验，在意企业的发展机会，逐步形成独特的"在意"文化，营造了政企之间的信任力量和情感温度。🄷

致谢：

华夏基石产业服务集团深圳总部给予本次福田在意服务文化调研活动大力支持，感谢张文锋、陈明老师的专业支持，感谢杨月吉的全程协助，感谢福田企业发展服务中心全体同仁及受访的商协会领导、企业家。

附文 🖉

在意：服务宣言
——福田区企业服务前沿实践提炼

福田企业，不分大小，我们在意！

企业发展，不管喜忧，我们在意！

发展进程，不论快慢，我们在意！

在意，是尊重，是理解，是敬畏，是放在心上的守望，是全心全意为人民服务宗旨的生动演绎，是习近平新时代中国特色社会主义思想的前沿实践。

在意，定义了服务本质，定位了服务品质，强化了通用共性服务和精准个性服务的协同，优化了常态存量服务和动态增量服务的平衡，简化了终端操作系统和整体解决方案的连接，催化了市场意识和服务意识的融合。

在意，引领着规则理性、服务适配的创新，彰显着成全他人、成就自己的境界，兑现着"让福田认识您、让福田激励您、让福田温暖您、让福田成就您"的承诺，支撑着集成化、标准化、专业化、分布式服务模式的演进，推动着国际一流营商环境的持续升级。

在意，滋养了福田，造就着奇迹。因为在意，企业选择福田，资本信任福田，梦想寄托福田；30多万家企业在78.66平方千米的福田，迸发着澎湃的活力和创新的激情；建设中国特色社会主义先行示范区的奋斗者，粤港澳大湾区的弄潮儿，立足福田参与全球竞争合作，成就卓越事业，实现美好人生。

在意，是信仰也是力量，是共识也是选择，是利他也是赋能。我们在意企业的方向，在意企业的需求，在意企业的体验，在意企业的机会，在意企业的参与，在意企业的反馈。

在意，驱动着我们。我们，执着地在意！🏢

 论坛

发挥政府组织的"元服务"作用

> 在智能时代，市场经济归根结底就是服务经济，企业竞争力不取决于智能技术水平而取决于企业服务生态

■ 作者 | 冯向阳　深圳市福田区企业发展服务中心主任、"在意"服务文化创始人

深圳先行示范区的发展定位广受关注，关于深圳发展经验的各种讨论很多，观点多、说法多，有些故事还很精彩。但是关于深圳成功的奥秘，意见还是比较统一的，那就是较好地处理了政府与市场的关系。

那么深圳是怎么做到的？是服务，特别是政府对企业经营发展高效能的服务。

福田区作为深圳的中心城区，在企业服务方面的做法具有较强的代表性。福田区的企业特别多元、特别密集，央企、国企、港企、外企、民企，应有尽有，78 平方千米的区域内注册了 30 多万家法人企业，包括世界 500 强总部 3 家、

中国 500 强企业 12 家，但大多数还是中小微企业。产业形态多样，金融总部、创新平台、供应链、商贸旅游，什么样的企业都有。

政府该如何服务企业？我们的想法比较简单，认为既然是面向所有企业做服务，就应该把服务做成标准化模式，方便操作，覆盖到更多的企业。于是，我们从 2012 年成立福田区企业发展服务中心之日起，就着眼于服务供给的集成化、标准化，并持续进行探索和尝试。

一、最核心的突破是集成化

关于政府如何服务企业这个命题，

我们更多的是从实践、从解决问题的角度去破题，经过八年的点滴积累，取得了一定的成效，最核心的突破就是实现了服务集成化。

企服中心架构和角色的价值在于集成化。企服中心将全区各产业部门跟企业对接的末端职能进行整合，将涉企事务进行梳理整合，构建起政府与企业联系的统一端口，彻底打通政府与企业的沟通渠道，为政府的企业服务全方位集成提供了支撑。具体包括四个方面。

一是信息集成。政府与企业之间最大的障碍是信息不对称。一方面，企业对政府政策、管理规定、执法要求不清楚。这种情况在政府惠企政策方面表现得特别明显，企业往往不了解政策，也不知道从哪里去了解，总以为自己是被政府遗忘的部分。另一方面，政府对企业需求也不清楚，所有的认知都是碎片化的，出台政策的依据大多是列举式的，对政策实施情况存在严重的效能焦虑。企服中心在企业面前代表政府，在政府各部门面前代表企业，通过建立大数据智能服务平台将政企的各方面信息集成对接起来，最大限度地解决了信息不对称问题。

二是标准集成。全面梳理政府服务企业的制度、流程，形成一套完整的标准体系，从需求发现、政策发布、申请受理、审批办理、拨付兑现到满意度评价进行全流程的规范，实现一个平台、一次申请、一步到位，大大增强了协同效应。

三是渠道集成。前台后台、线上线下、软硬服务一体化管理，实现无差别服务。

四是技能集成。企服中心的全部工作人员都是服务专员，而且是能力复合型的专员，从信息咨询、业务办理，到跨部门问题的协调，都能处理。

在当前新冠肺炎疫情防控的特殊时期，福田企服中心模式也得到了验证。比如不少企业在复工复产时很慌张，不知所措，对疫情情况不了解，对复工标准条件不明确，对复工以后员工吃饭、交通等问题很担心。企服中心按照成型的模板制订出了《企业复工复产操作指引》，所有细则规范清晰明确、具体可行，印发执行后，迅速化解了企业的焦虑，深得好评。

福田企服中心的集成服务模式，从实践上看实现了便利性，优化并提升了企业服务体验。从商业思维上看提高了效率、控制了成本。不管是"放管服"改革，还是推进治理体系、治理能力现代化，关注点都是政府服务效能，集成

福田区企业发展服务中心定期举办产业资金政策宣讲会

服务模式较好地解决了这一问题。福田企服中心的组织治理模式在全国也有很好的反响，深圳南山区、苏州昆山市等全国30多个市、区（县）直接复制，承德市、哈尔滨市更是在市和区（县）两级整体复制。

二、专业素养关键靠培训

企服中心在企业面前代表政府，每一位服务专员自然就是政府服务的全权代表。这客观上要求人人都是复合型人才，具体来说是能讲、能配、能办、能调、能提的"五能专员"。

一是能讲清楚企业需求。全区遴选出1000家重点企业作为专员分工包干的对象，每人负责担任20家企业的服务专员，对这20家企业基本情况要随时能讲清楚。企业经营状况、主要需求、反映问题办理情况，甚至董事长、总经理的个人情况，都要了解，都要熟悉。

二是能为企业匹配政策。国家、省、市和区的政策不仅要熟悉，还要能结合企业的情况，匹配出精准的政策清单。

三是能提供代办服务。要求服务专员熟悉各项涉企事项的责任权属、基本工作流程，知道哪个职能部门办、怎么办。我们一般不提倡甚至反对代办，坚持认为不讲原则凡事都代办，容易养成"巨婴"式的企业。但必须有代办的能力，比如疫情防控期间，不少事需要代办，就能代办好。

四是能够协调解决问题。对企业的涉及多部门的复杂问题，能够协调解决好。对企业提出的不应由政府解决的事项，能提供解决方案，告诉企业应该去找谁、应该怎么办，是法律问题去找法院，是市场的事情就到市场上去匹配，有些是商协会的事情就去找商协会。

五是能够提出政策建议。在接触企业、处理企业反映问题的同时，还要能了解掌握"沉默的大多数"的情况，并进行甄别分析，提出综合性、趋势性的意见，为改进工作和修订政策，提供建议和方案。

做到"五能"，关键靠培训。我们连续两年多坚持每周一培训，每个月开四个培训课。第一个课，是到各行各业代表性的企业，做现场培训。第二个课，是请企业家或专业人士到企服中心上课，律师、会计师、上市公司创始人，只要有代表性的都请来讲。第三个课，是请各产业部门的业务骨干讲课，比如，发改局讲产业规划，科创局讲创新服务和知识产权，税务局讲税法调整，还有社保局、商务局等。第四个课，是每月开一次工作汇报会，讲清楚全区被服务企业有哪些部署安排以及具体落实方案。

这些培训让所有人的服务意识、服务观念、服务理念发生了根本性的转变，对企业的先进管理方法有所感知，对各个部门的职能范围和主要工作有所了解。到企业去成为一种常态，按规范模板办事则成为习惯。现在，65名专员中至少有40人，任何时候站起来，都可以讲清楚福田区的各种惠企政策，而且可以到商协会、企业培训会上做宣讲，不能讲或没有去宣讲过政策的，年度考核不能评为优秀，也没有机会被提拔重用。

福田企服中心是在合并两个不被待见的落后单位基础上组建起来的，经过严格的专业化培训，提高了个人素质，提振了团队的士气，在组织治理方面也有意想不到收获，让原本无所事事的三四十号人，找到了工作的乐趣，内部自然也就没有人去讲是非、瞎告状，八年里全中心甚至没有人吵过架。这当中我们体会最深的是：组织治理关键点在于末梢的响应和反馈。基层治理的改革，做一个漂亮的方案、画一张精美的图表很容易，但要在末端真正兑现出来非常非常难。治理末端最重要的是人，人员培训到位了，机制就能合理运作，反馈就能丰富及时，组织自然也就能保持活力。

三、识别误区，做"在意"服务

服务企业是有门槛也有陷阱的，底线是不能以服务的名义干扰企业。当前的企业服务，最明显的误区有四个。

第一误区，"服务是做好事，不受

服务企业是有门槛也有陷阱的，底线是不能以服务的名义干扰企业。

欢迎才怪"。事实上，经常有政府公职人员发牢骚："我们做服务，提供帮助，企业还不高兴。"他们看上去很辛苦也很委屈，但他们就是没有考虑过企业的需求是什么，也不知道自己提供的只是想当然的、强加的服务，对企业来说是彻头彻尾的负担。

第二误区，"贴身服务、代办服务等于精准服务"。代办服务甚至包办服务被一些媒体渲染成营商环境进步的标志，真是天大的误会，这有悖服务的本义，**服务只是为别人提供条件、为企业发展提供帮助，决不能大包大揽。**否则，将模糊企业的责任和义务，让法人企业变为"乏"人企业。

第三误区，"只要目的正确，方法可以不拘"。举一个例子，这次新冠疫情防

控期间，福田区也一度发生了口罩荒，许多企业想复工却买不到口罩，急得都快崩溃了。政府此时就应提供服务。那么该怎么服务呢？可采取的措施无非有几种，一是政府出面代企业采购口罩。因为全国都缺口罩，渠道有限，政府也只能为极少数的企业采购，结果是没经此渠道买到口罩的企业感到不平衡；二是发动商协会从海外采购口罩，允许他们加价 10%~15% 分销给辖区企业，价格问题肯定让不少企业提出质疑；三是在货源稍多的时候，政府向小微企业送口罩，质量差异又让企业有非议；四是企服中心搭建口罩采购对接平台，企业报需求数，企服中心委托商协会为平台采购并原价转发相关企业，平台运维由企服中心补贴，企业对此普遍给予高度评价。**这充分说明服务是技术活，必须有节、有止、有度地服务，多做、做过、做偏的代价很大。**

第四误区，"用强力形象推动服务升级"。去年曾有省级地方领导说"谁跟企业家过不去我就跟谁过不去"，宣传效果很好，自然也上了热搜榜。不过，深圳的几个企业家当天的反应却是：看到这消息之后，我们起码知道了哪个地方是万万不能去投资的。理由很简单，

那种不按市场准则和习惯的"暴力"作风，太不靠谱，今天他可以这样说，明天他完全可能反过来说。他们很心急，出发点也很好，但政府服务形象的基础是法治，营商环境品质是政府、社会、企业共同塑造而成的，个别的强力表态对服务生态没有帮助。

福田区按照"规则理性，服务适配"的思路推动服务升级，强调服务观念本身要正确，服务规则要有普适性，服务方法要专业适度。经过多年自觉的打磨，形成了以"在意"为标识的企业服务文化。"在意服务"由"让福田认识您、让福田激励您、让福田温暖您、让福田成就您"四个板块三十项措施构成，主张"福田企业不分大小，企业发展不管快慢，发展进程不论喜忧"统统放在心上，真正做到了在意企业的方向、在意企业的需求、在意企业的体验、在意企业的机会，福田企业服务的获得感好，营商环境竞争力自然强。

四、政府的"元服务"，支撑服务生态的构建

在智能时代，市场经济归根结底就是服务经济，企业竞争力不取决于智能技术水平而取决于企业服务生态。那么，在社会主义市场经济环境下，政府服务的功能角色怎么定位呢？福田的实践表明，政府服务在市场经济服务中发挥着"元服务"的作用，支撑着整个企业服务生态的构建。一方面，政府的职能转变改革，推动了服务型政府建设，所有的管理都从服务的角度切入，让每一家企业都能感受到政府的善意和责任。另一方面，政府的"元服务"，通过为商协会等社会组织、专业机构、服务型企业提供服务，激发调动了全社会的服务力量，构建了能量强大、秩序稳定的服务生态，为打造与先行示范区地位相匹配的营商环境创造了关键的条件。

福田企服中心在"元服务"的前端，所有工作人员都很享受为企业发展提供服务的过程和体验，其源头在于每个人都把服务企业真正放在了心上。推而广之，每一位共产党员、每一位公职人员都把企业放在心上，真正在意自己的工作，那么，我们的组织将无坚不摧，我们的事业将无往不胜。🅑

以服务的自觉打造服务型组织

福田区具有比较高的人文服务的自觉性、市场服务的自觉性。这种自觉性不是灌输出来的，而是在几十年改革开放过程中摸索、总结，慢慢体验出来的

■ 作者｜黄恒学　北京大学政府管理学院教授、博士生导师

受福田区的委托，我们课题组从2018年7—8月开始，对福田企服中心的治理经验进行了调研考察、访谈座谈、交流研讨。近两年的时间里，课题组形成了完整的关于福田企服中心工作经验的研究报告，以及一些介绍文章、评论文章和学术探讨文章。总体来讲，我的感觉是福田企服中心的做法非常具有创新性，具有重大意义。

一、市场觉悟就是人民觉悟、服务觉悟

我们搞中国特色社会主义市场经济体系，也在推进国家治理体系和治理能力现代化。那么，在市场经济条件下怎么处理好政府和企业的关系、政府和市场的关系？这始终是一个重大的难题，也是一个关键性的问题。我认为，**最重要的是政府要做好职能定位，处理好政府的角色职能问题**。同时，建立政企分开、政企和谐的关系。

目前福田区在做两件事情，第一是管理企业，第二是服务企业。现在讲"放管服"改革。"放"是因为政府管得太多了，"管"说的是要对市场和企业进行管理，同时，还要做好服务。

中国在改革开放持续发展的进程中，从计划经济条件下，到转轨时期，到现在的深化改革时期，再到未来的逐步完善时期，不同阶段政企关系的界限一直在调整中。在这个过程中，经常会产生各种各样的质疑，比如越位、错位、

缺位等。深圳是改革开放的先行区，很多做法都走在了其他地区前面。

改革开放40多年来，深圳可以分为两个时期，一是特殊时期，二是现在的粤港澳大湾区发展时期。我认为，现在的深圳是新特区、新战略，甚至环境都会有很大的改变。其中，福田区又是深圳的核心区或者说重点示范区，所以福田的一些做法，无论从理念上、政策法规的制定上，还是具体操作行为上，以及态度、精神、觉悟、认识上，都走在了前面。

福田区有非常高的市场觉悟和市场自觉性，是真正市场化改革的先锋。市场觉悟就是人民觉悟，要有人民意识。人民需要什么？人民需要服务。于是，就要构建服务型政府。

在我看来，服务有两类。一是为企业服务、为市场服务；二是为人民服务。

先说为人民服务。在防控新冠肺炎疫情的过程中，我们看到，社区发挥了重大的作用，可现在的很多社区工作者，连编制都没有，这说明我们的组织体系、社会体系，尤其是社区管理是有问题的。政府为人民服务，具体而言就是为居民服务、为公民服务、为百姓生活服务，就应该在

百姓身边。如果连人都找不到，怎么服务呢？所以，资源、人员、干部、组织、体系如何下沉到社区，这是一个问题。

再说为市场服务。我们既要防控新冠肺炎疫情，又要复工，那企业怎么复工呢？必须要有一个良好的营商环境，包括政治、经济、法律等各种环境。这是需要政府去做的，如果政府不作为，市场是无法作为的。

在这一点上，福田区具有比较高的人文服务的自觉性、市场服务的自觉性。这种自觉性不是灌输出来的，而是在几十年改革开放过程中摸索、总结，慢慢体验出来的。高度的人文自觉性中，市场自觉性是最根本的。政府为市场服务，为企业服务，说起来容易，做起来难。

二、服务需要思想保障、组织保障

福田区成立企服中心，说明福田区有服务的意识。这是深圳独创的机构、特有的机构，这个机构整合了各个政府部门服务企业的相关职能、职责、资源、政策，整合起来建立了工作平台、政策平台、资源平台、服务平台，成为一个专门的职能机构。这个机构研究企业到底需要什么，哪些是刚需，哪些不是刚

需，然后分行业分企业来制定政策，提供各种各样的支持，让企业真正感觉政府就在身边。同时，帮助企业解决比如员工的住房问题、户口调动问题、家人就医和教育问题等，这些看起来是小事，但却是很多人投资的时候会考虑的问题，这方面企服中心做得非常系统、深入、全面、细致。

我们的课题组做过大量的调查，包括行业协会、行业组织，得到的反馈普遍是赞扬，坦言之，企业之所以待在福田，就是因为福田的营商环境好，真正重视企业的发展，全心全意为企业的发展服务，而不像有的地方以招商为幌子忽悠企业。

企服中心服务企业的工作千头万绪，有专门的机构、专门的班子、专门的人员，甚至还有做服务的专员，他们分工到组、分工到人，这样就有了思想保障、组织保障。同时，还有资源保障。

一般在政府的不同部门中，每个部门都有职责、有资源、有政策，所谓"政策出多门、资源出多门、表彰出多门"，而且有的政策不协调，甚至有矛盾冲突，这样就会导致效率下降，甚至让人感到这个地方的环境需要改进。企服中心集

福田区企业服务 App

成了很多政府服务型资源，包括资金，政策，以及需要政策协调的支持，比如一般的公共行政事务支持、评选先进荣誉的支持等，这些都非常有创意。

三、服务平台的模式有利于"亲""清"政商关系

在思想理念的正确指导下，在集中各种政府资源、政策资源的情况下，企服中心建立了服务平台。这个服务平台可以说是将现有的电子政务、智慧政府，夯实成非常严格的标准化、流程化、专业化、智慧化服务。

企服中心流程的标准化、操作的标准化、人员的专业化，是一种创新。在有些地方，很多政策落实起来弹性很大，可做可不做，这就导致政府不作为、懒作为、胡作为，在服务企业过程中出现很多乱象。而企服中心虽然掌握的资源很多，但从来没有接到过投诉，这说明没有任何暗箱操作。同时，企业知道什么事可以做、怎么做。政府依法行政，企业依法经营。企业遵守自己的义务，合法权益也得到有效保护。**这样的一种标准化、法治化、公开化、透明化的服务平台，就有利于建立良好的"亲""清"新型政商关系。**

我参观过福田区的信息中心平台，在电子化、网络化、数字化、智能化方面走到了全国前列，甚至很多方面是世界前列。周边的一些国家和地区，包括新加坡、中国香港、中国澳门等，都来学习福田区的经验。信息化大大提高了效率，不仅科学、现代，也有很多线下的扩容支持，工作人员24小时不间断服务，中午吃饭都有人值班，可以说有温度、有高度、有深度、有创新，在用心做事。

总的来说，福田企服中心是一个重大创新，形成了政府服务企业的福田模式，有利于打造良好的营商环境，推动福田区企业的发展，实际上也在推动政府改革，进一步推动粤港澳大湾区建设，真正使深圳成为全球的标杆。这种重大的理论创新和实践探索，不仅有现实指导意义，而且有前瞻性，怎么强调都不为过。我认为，应该加以更系统、更全面的总结，同时进一步完善突破，把福田模式打造成一个典范，在深圳推广、在广东推广、在全国推广。回

政府服务创新中的组织治理

有意识，守规则，讲责任，这是福田企服中心服务企业的创新定位

■ 作者｜孙健敏　中国人民大学劳动人事学院教授、博士生导师

从 2012 年成立福田区企服中心，到现在经过 8 年多的实践，我个人感受最大的一点是企服中心的创新——敢于创新和善于创新。福田企服中心的创新体现在很多方面，核心是政府服务的创新，可以概括为"五个创新"。

一、服务创新核心是意识的创新

第一是职能上的创新。企服中心整合职能服务企业，同时，又为政府提供政策建议。它从政府部门中派生出来，"在政府面前是企业，在企业面前是政府"的角色定位非常具有创新意识，很大限度上起到了桥梁的作用，等于把政府和企业真正地、彻底地打通。这取决于政府的职能，也就是政府到底是干什么的。实际上，政府作为政策制定单位和协调机构，不可能起到企服中心这样

的作用，换句话说，福田企服中心发挥的作用，远远超出了纯粹的政府职能。所有来自企业的需求，企服中心都可以协调政府各职能部门解决，是"功放器""倍增器""识别器"，这些都是在政府服务创新方面的体现。

第二是目标上的创新。非常受鼓舞的是，深圳做事情都是大手笔。1995 年，我们进宝安集团的时候，就有这样的感受。后来，彭剑锋教授带领我们去华为、华强北等，看到的也是深圳的大手笔。现在的深圳有一点点"衰退"，但当我看到企服中心正在做的事，特别受鼓舞，我心目中 20 世纪 90 年代深圳创新的感觉又回来了。当然，已经超越了那个时候很多。我非常感慨企服中心"要做全国第一，为国际一流企业服务，建立一流营商环境和综合服务平台"的目标。

这些不是一个简单的口号，企服中心做的很多事情，不仅是全国第一，放眼全球都是领先的。

从管理学的角度来讲，不管是政府的管理还是企业的管理，服务创新都是一个全球性的大课题。怎么聚焦服务创新？到现在都没有一个具体的说法，因为服务创新不像苹果手机、5G 网络这样的产品，所以，企服中心的服务创新做法非常值得总结。

第三是方式方法的创新。企服中心的"三化一分"，集成化、标准化、专业化和分布式，属于工作方式方法的创新，体现在怎么样为企业提供创新服务上。不过，我认为这个创新的意义还不仅是方式方法层面的，事实上更有高度。

第四是责任的创新。从两个角度来看。第一个角度是，企服中心做的事情没有越位，一定是建立在国家、深圳市和福田区大政策和方针前提之下的责任意识，跟中央保持一致，跟深圳保持一致，融入福田区的大局。第二个角度是，企服中心的服务意识相对来说是自觉的、内生的，不是被动的、强制的。没有人要求他们怎么做，他们是在现有大政策和方针的基础上，凭借自己的知识和经验积累，勤于思考，愿意奉献，大胆创新，这是他们自觉、自发、自动产生的一种内生意识，而不是完全被动地接受别人的东西。

为什么他们在谈服务的时候特别激动？因为就像谈自己的孩子一样，自己是有付出的、有投入的、有感觉的，是自己生命的一部分。比如，标准化意识就是非常好的案例，标准化可以解决很多问题，是服务意识创新的体现。再如，服务升维的观念，实现的自我突破，服务升维、自我突破需要去预见，跳出现有的局限性，有高度、有格局、有远见。

第五是服务意识上的创新。个人觉得这是一个统筹，具体表现在以下两个方面。

(1)"放管服"的改革意识。十几年前，我们就提出转型建设服务型政府，到现在其实没有完全落地。企服中心在实践中体现出来的"放管服"意识，比笼统地讲政府职能转型要有新意得多，也能够落地，这是意识创新的一个具体表现。

(2)"在意文化"的本意就是客户导向，是市场意识，而不是权力意识。在企服中心看来，服务不是包办代替，不是大包大揽，而是给你提供渠道、提供信息、提供方法，解决问题还是靠你自

> 很多时候政府做的是出力不讨好的事情，主要是因为不懂企业需要什么。

己。政府的转型不仅是从控制转成服务，而是提供一种便利性。

提供便利性很大程度上取决于两个方面：理解和尊重。意识创新的体现是了解企业需要什么和政府能给什么，然后是应该给什么，很多时候政府做的是出力不讨好的事情，主要是因为不懂企业需要什么。当然，知道需要什么不等于被动顺应，或者说无条件满足需要，而是在遵守规则的前提下满足需要。这说明，政府的职能定位并不是控制，而是服务。

服务体现在哪里？体现在满足需求，知道你要什么，就算你没有明确提出诉求，仍然可以帮助实现。在这样的前提下，有了理解，企业也感受到了尊重。所以，意识的创新可以在很大限度

上，让我们的服务对象能够感受到对他的理解和尊重。

"五个创新"中核心是意识的创新，可以概括为三个方面：一是组织的职能定位体现的是角色意识，能干什么、不能干什么清清楚楚，有所为有所不为，把应该为的做到极致，并且不包办不代替；二是集成化、标准化、专业化的"三化"，体现了精准提供服务和效率意识，效率意识包含成本意识，成本最终解决的是效率问题，用经营企业的思路经营政府部门、管理政府部门；三是文化与规则并行，文化在一定限度上就是宗教的作用，制度就是法律。但有了规则还不够，还需要有一个统领，以意识引领行为，这就是"在意文化"，这种文化体现的是企服中心对于客户（企业）的理解和尊重。

这"五个创新"就是政府职能的服务创新中，可以进一步发挥的五个方面。核心统领是领导层的意识创新。只要有想法一定有办法，办法总比困难多，这是老百姓常说的话，在企服中心体现得很明显。这些办法别人不是做不到，而是想不到，不会从这个角度去想问题。有意识，守规则，讲责任，这就是企服

中心的创新定位。

二、福田企业服务中心组织治理的主要特征

治理和管理是有差异的，不管是政府的治理还是企业的治理，治理更多是强调对一个组织从外部的管理，管理更多的是讲组织内部的日常运作。当然，如果在高层的角度，管理也可以叫治理。福田企服中心在实践中相当程度上体现了组织治理的主要属性或特征。

一是公开透明。这是中国的政府部门未来必须走的一条路，这个问题不解决，腐败问题就解决不了。企服中心的标准化实践在相当程度上，产生的效果就是公开透明。不用找市长，也不用找市场，市场就是规则，规则全在这里，这是治理结构中非常重要的一个属性。

二是公平包容。企服中心强调的是企业不分大小，全都"在意"，这是平等理念，大小无差别，先后无歧视。不管大企业还是小企业，无论先来还是后到，只要有求，必然回应。童叟无欺，不嫌贫爱富。这些道理说起来简单，但作为政府部门真的很不容易，企服中心在制度上、文化上体现出了"在意"，

规则面对所有企业展开，不会差别对待。

三是参与共享。最直接体现在与本地商协会的密切合作，使商协会深度参与。正因为公开透明，要给你服务就要懂你，通过调研了解你的信息，从制定政策开始，全部过程就已经让将来要受惠的对象参与了进来。所有服务专员通过培训学习，开展工作的参与，更是如此。

四是信用、信誉和责任。不仅是服务对象，企服中心让利益相关者，让整个社会都感觉到这是一个相当靠谱的、值得信任的机构，是一个愿意为大家办事的机构，所以有事情愿意去找这个机构。另外，服务的目标是聚焦的，这与企服中心的定位有关，到底什么能干、什么不能干，目标清晰且聚焦，只做应该做和擅长做的事情。正因为有所为有所不为，信用和信誉也就建立起来。

三、服务创新探索中的领导者魅力与作用

从企服中心的实践中可以看出，这个机构有一个非常典型的变革型、魅力型、服务型、公仆型的领导者。跟这样的领导者打交道，会感觉到他很真诚、实在、厚道，不做作，即所谓和颜悦色，

相由心生。这样的领导者往往具备以下几个特征。

一是有追求、有格局，立意高远。在一个领域或地域里，这样的领导者不管做什么事情，要么不做，要做就做第一，不达目标不罢休。比如任正非，他不是唱高调，而是发自内心要做第一。这样的领导者是一个能影响别人的人，有高远的追求和梦想，而这个梦想不是为自己谋利益，是为整个社群和社会谋利益。

二是有气场、有魅力。这样的领导者，不见得形象上多么高大，但是与人打交道时，很有吸引力、凝聚力，总能够征服一些人，这样的气场是正气而不是邪气、匪气。

三是敢想敢干，有魄力。据我了解，这些年来深圳已经多多少少有一点点保守了，尽管服务职能比内地还是领先了几十年，但相比于20世纪90年代来说，还是不太一样。尽管如此，深圳还是产生了敢想敢干的领导者，且整体把握能力非常好。

四是懂管理。管理不一定是从教科

2019年8月23日福田区区委常委、组织部部长邝肖华（左三）、福田企业服务中心冯向阳主任（右二）走访企业，现场办公

书上学，很多时候也靠个人的实践经验，这在一定程度上是领导者的悟性，能清楚要点在哪里。比如企服中心在人才培养、团队建设、流程和规则制度的完善等方面，做得非常到位，这就是好的管理。企服中心有40多个服务专员，每个人要详细了解20多个企业，能把企业的子丑寅卯说清楚，具体怎么办到的呢？去给企业宣讲政府的政策，一次不行就两次，两次不行就三次，这个过程中有绩效考核，考核不合格就不能评优。这样一来就有了关键绩效考核，只是这个关键绩效考核不是一般人所定义的纯粹的业绩。关键绩效指标好比高考，高考考什么内容，学生就在什么课上下功

夫。通过这些行为就可以把很多管理的理念渗透到实际中去，是可以落地的。从这个角度来讲，团队建设、人才培养、制度建设、规则流程、标准建设，等等，对于企业也好，政府也好，都是治理，能办好企业的人也能管好政府部门。

最后，要强调的是，一定要在大的政策和制度背景下进行创新，企服中心在创新的大方向上是跟党中央保持一致的，小方向上是跟深圳市和福田区保持绝对一致的。另外，管理的外部环境很重要，只有上级领导充分信任、充分授权，企服中心才能够放开手脚进行服务创新。

经过实践打磨的创新最有生命力

福田区的实践告诉我们，社会主义搞服务不但不比资本主义差，而且很多方面的理念还要更先进

■ 作者 | 郑寰 《中国领导科学》副总编

企服中心2012年成立，八年多来，经过实践打磨得非常有生命力。企服中心的经验不只是对深圳、对福田，甚至对政企关系、政商关系，对中国经济的未来都是非常有价值的探索。

福田区所在的粤港澳大湾区，是我们国家开放程度最高、经济活力最强的地区，某种程度上代表着中国经济的未来。2019年以来，中央印发了《粤港澳大湾区发展规划纲要》《中共中央、国务院关于支持深圳建设中国特色社会主义先行示范区的意见》，赋予了深圳在新时代改革开放的某种特殊使命，要把深圳建成一个高质量发展的新高地。特别是在统筹新冠肺炎疫情防控和经济社会发展的背景下，这个区域的经济脉动甚至决定着中国经济的走向，并对整个世界的经济形势产生重要的影响。

我个人的感觉是，福田区的探索，特别是以企服中心为代表的探索，在整个先行示范区探索中引领了全国的方向。企服中心做的很多事情都是国内其他地区没有做过的，是首次吃螃蟹的创新，具有很强的先行示范的引领作用。比如，在标准化、透明化、信息化，以及打造"亲""清"新型政商关系等方面，对政府管理和政府治理有非常多的启示。

"服务"这个概念的提出已经很早了，20世纪90年代提出服务型政府，党的十八大以后提出服务型政党，企业就更不用说了，一直在提服务，这二三十年来，大家对服务经济也都有所了解。但是企服中心重新定义了服务，定义了很多服务的实践操作模式，

某种程度上带有引领性，穿透了政府、企业、社会组织、政党等，是一种新的服务模式。

目前，全世界对中国共产党领导下市场经济的运行都很关心。福田区的实践告诉我们，社会主义搞服务不但不比资本主义差，而且很多方面的理念还要更先进。中共十九届四中全会专门提出怎么更好发挥政府作用，怎么厘清政府与市场关系等一系列内容。福田区的实践在某种程度上，对传统文化、传统组织、传统管理方式，甚至传统人际交往方式，都产生了非常大的颠覆，具有很大的理论价值、实践价值和普适性价值。回

服务不仅要创造价值，还要注重价值体验
——福田企业服务中心创新实践的意义与启示

> 政府的价值创造以什么来衡量？不是按照行政命令的方式，而是通过整合、统筹各方资源，用市场化的方式去提高政府服务企业的效率、降低成本，同时提高服务体验

■ 作者｜彭剑锋　华夏基石集团董事长，中国人民大学劳动人事学院教授、博士生导师

政府公共组织也要成为价值创造者：福田企业服务创新实践的意义

一、深圳福田企业服务中心的"在意"文化及操作系统的创新实践是企业家精神在政府公共部门的呈现，创新了公共服务的意识与思维，是"全心全意为人民服务"的体现与鲜活实践

（1）福田企业发展服务中心的"在意"文化及集成化、标准化、专业化和分布式的落地操作系统，是企业家精神在政府组织的呈现。

在不确定时代，要应对各类突发事件和危机，政府部门的领导者也要有企业家精神。政府部门的企业家精神主要体现在两个方面。首先是果断决策、敢于担责，政府部门要提高决策的速度和效率，就是要敢担责、敢拍板。今年抗击新冠肺炎疫情的一个经验教训就是：在突发危机或不确定性事件中，第一责任部门一定要敢于担责，敢于快速决策。其次是勇于创新，敢于打破常规，创新工作方式与工作流程。

（2）"在意"服务是时代发展趋势下

公共服务思维模式的创新。

从公共行政管理的改革趋势上来看，公共服务部门不再是一个行政成本消耗的系统，而是要为社会经济的发展和人民福祉的提升作出价值贡献，它也是一个价值创造部门，而且要用市场化的方式来体现政府部门的价值创造。

服务就是要创造价值，政府部门也要成为价值创造者，注重价值体验，服务于企业的成长和发展。

"在意"是重视。福田企服中心真正把企业当成客户，把客户上升到政府部门履行职能的核心。

"在意"就是用心，这与党的"全心全意为人民服务"的宗旨一脉相承，是全心全意为人民服务的宗旨在服务企业发展工作上的落实。

"在意"就是价值。服务一定要为服务者创造价值，在意每一项服务投入的产出效能。过去政府公共部门被视为成本单位、资源消耗单位，而按照现代政府公共部门未来的改革方向，很重要的一条是政府部门也要是价值创造者，政府履行管理监督等职能是为了创造价值，而不是为了管理而管理、为了监督

> 全心全意为人民服务，从企业家的角度来讲就是"以客户为中心用心去经营"， 强调把事情做正确，正确的去做事。

而监督。福田企服中心通过服务创造价值，体现这种价值创造不仅仅是传统意义上的降低成本、提高效率，实际上是要为企业的发展、成长创造价值，通过服务于企业的发展和成长去体现政府的价值创造。

"在意"是体验。"在意"提高了服务的价值体验。政府的价值创造以什么来衡量？不是按照行政命令的方式，而是通过整合、统筹各方资源，用市场化的方式去提高政府服务企业的效率、降低成本，同时提高了服务体验。服务的体验感这点很重要。我们很多政府机构不是没做服务，但是由于不注重服务体验，导致服务的效果大打折扣，没有创造出应该创造的价值。

（3）"在意"服务体现了中国共产党全心全意为人民服务的思想宗旨。

全心全意为人民服务，从企业家的角度来讲就是"以客户为中心用心去经营"，强调把事情做正确，正确地去做事。首先找正确的事去做，把事儿做正确。福田区的企业服务探索实践赋予了"全心全意为人民服务"在服务于企业发展方面的全新内涵，是实践上的一个创新。

二、福田企服中心的服务文化与服务操作系统，构建了一个以客户为中心的公共服务标准体系与基于客户的系统化解决方案

这也是很重要的一大创新。一是实现了公共服务的精准高效。二是实现了个性化＋规模化＋标准化的有机结合，改变了过去政府部门服务的"一刀切"和"一把抓"导致的低效率和体验差的现象。

过去，政府部门的服务的普遍问题包括：第一是没标准、效率低；第二是所提供的服务不是客户所需要的，是非客户价值导向的；第三是"一刀切"，不能体现个性化的需求，不能满足个性化的需求。所以就没有很好的服务体验，

导致政府公共服务资源的极大浪费。

福田企服中心的做法提高了政府公共资源的效率，提高了客户的体验价值，满足了个性化的需求。比如它们通过服务集成化，形成一个服务平台，统一服务需求入口和供给出口，不仅能提高资源集约配置的效率，也提高了服务供给的有效性。同时，只有实现了集成化、标准化，才能实现专业化运营优势，即精准、精细、精确服务的落地实施，以及由此而创造的价值和良好体验。比如通过建立服务清单，实现"照单抓药"和"按需配药"，就是将规模化服务和个性化需求很好地结合在了一起。

这些做法本身就是在构建全新的公共服务标准化体系与基于客户的系统化解决方案。关键词是"精准高效"。个性化和标准化的有效结合，既能规模化，又能个性化，提高了公共部门的效率，减少了浪费。

三、创新构建了平台化＋分布式的组织体系

福田企服中心在实践中的核心突破是集成化，实现了政府服务企业的信息集成、标准集成、渠道集成和技能集成，

福田区开设了专业服务交易中心"点线世界"

这几大集成，本质上是构建了一种平台化＋分布式组织，符合数字化时代公共服务平台化的组织变革趋势。

平台化的好处是能够集成各种要素，集中配置资源，所以某种意义上它也是在为企业的成长和发展赋能。企服中心通过集成化、集约化，一是提高平台化的资源配置能力，整合资源，集中配置资源。二是能够为企业的成长发展提供赋能。三是能够渗透到终端，因为它是分布式，所以它是贴近终端的。这就改变了过去公共行政部门高高在上、远离老百姓、远离企业的情况，极大地缩短了政府跟服务对象之间的物理和心理距离，使整个服务能够渗透到终端，能够真正去满足中小企业的需求，提高整个公共服务的执行能力。四是使企业与政府之间，甚至是企业与企业之间实现了真正的连接、关联，所谓"清""亲"政商关系。五是使得公共服务组织不僵化、有活力，避免了官僚主义、形式主义，使得整个政府能够了解一线的需求，贴近实际，知道老百姓的呼声。

四、升维了政府公共服务体系，构建了高效集成化的服务生态系统

福田企服中心通过分布式服务，把服务于企业发展的各个要素拼接、整合

起来，形成了以服务为纽带的社会化服务生态。

所谓升维，是指福田企服中心作为政府公共服务提供者，却并不简单满足于传统意义上的"关怀式"服务及"职能式"服务，而是站在更高的维度去思考时代发展宏观趋势与服务的价值，不断打破原有认知，从而实现思维与认知的自我突破，促进服务能力、服务文化、服务模式、服务品质及服务组织建设等多方面的全面升级。

升维才能降维重构、重建。服务升维使得公共服务不再局限于某种固有模式，政府部门也不再是一个孤立的部门，不再仅提供单一的服务职能，它可以成为资源的整合者、集成者、调动者，这样就构建起了企业生存和发展的良好生态环境。政府的角色也不再仅是一个服务者，而是使企业能够持续生存和发展的生态构建者、环境营造者、价值创造者。

通过服务升维，政府服务从职能层面升维到社会层面，使得责任组织、社会组织、企业组织三个层面融为一体，更有利于调动和整合各方面的资源和能力，为企业的生存和发展营造良好的生存环境、成长环境，这是最重要的。我们经常讲，对企业来说最重要的是有一方良好的成长和发展环境，并不是要政府给多少钱、减多少税。

五、创新和构建了一套公共服务能力系统

党的十九大报告提出要进入国家现代化治理体系与能力建设的新时代。治理体系与治理能力的现代化要建立在制度建设的基础上，更体现在政府组织的公共服务胜任能力上。

福田企服中心的实践为政府组织公共服务胜任能力的提升、胜任能力的标准化做了有益探索。如前面谈到的，首先是厘清了政府的角色定位，基于角色定位，创新和构建公共服务能力体系，真正做到有所为有所不为。政府不是万能的，也不是要成为"家长"和"保姆"，大包大揽式的服务，政府的服务也要有边界、有定位、有标准，哪些该政府做，哪些不该政府做；哪些要做"轻"，哪些要做"重"，事实上就是要有一套公共服务的能力系统。

服务能力是服务经济时代的核心能力，而服务能力的核心是"作于细"。"天

下大事，必作于细。天下难事，必作于易。"服务能力由很多要素构成，但核心在于能将复杂的事情分解成结构、具象为标准、运营为操作方案，输出良好的体验。很多时候，服务品质不高、服务体验不好，并不是服务意识和意愿的问题，而是没有将意识、意愿落实和体现到服务能力上去。福田企服中心在服务实践中，把提升服务能力作为内部运营的主要抓手，包括将服务工作分解成模块完成的职能工作，将服务解决方案系统化为流程运营，将每一项具体工作输出为标准化操作文件，将人才队伍培养成专业化的队伍。如此，形成了后台的模块化、系统化、专业化运作，输出为前台服务工作的简便化、规范化和人性化。

需要注意的是，公共服务能力建设一定要融合运用新知识、新技术，开放包容，兼容并蓄，先进的知识和技术的掌握及运用是服务能力建设很重要的一部分。

六、构建了公开透明的信息化体系，消除了政府寻租空间，为政府的数字化转型提供了先行探索

福田企业服务的集成化、信息化平台建设，统一了"前台"和"总台"，规范了"入口"和"出口"，使得审批、监管、服务等环节能有机联动、流程透明，实现了公共服务产品提供的透明化、公开化、阳光化，消除了权力寻租空间，有利于廉洁文化的建设。

服务文化里面包括廉洁文化建设，这也是福田企业服务实践的一个创新之举，因为信息对称，有了监督体系，提升了企业对政府的信任。据了解，2012年至2019年，福田企服中心办理了17812个支持项目，发放产业资金70.57亿元，为企业配租人才住房9892套，没有发生一起投诉，没有出现一起腐败案件，极其难得。

廉洁文化建设一定要基于信息化、数字化，这是未来政府等公共服务部门的改革发展趋势。

服务是企业的一种成长战略：福田实践给企业经营的几点启示

最后，特别要强调的是福田企服中心的一系列创新实践对企业经营管理的启示。

第一，是"以客户为中心"的意识，全心全意为人民服务，为客户服务，这是企业的经营之本。政府都能做到这一点，企业为什么不能做到这一点呢？要坚持把"以客户为中心"做到位，还要提高客户的价值体验。

第二，服务要创造价值。后工业文明时代，服务是企业的一种发展战略和企业的成长战略。服务可以创造价值，服务可以带来企业的成长。

第三，企业要提高服务能力，进行组织能力建设。服务能力体现为组织能力建设，组织要实现平台化、分布式、网状化。服务能力的提升，一个是组织的能力，另一个是人才的服务能力。

第四，服务一定要标准化和个性化结合。服务是一种产品，要构建产品化的思维，服务标准化体系和个性化产品解决方案相结合，提高服务产品的价值体验。

第五，以服务联结生态，以服务连接客户。服务是未来联结客户最好的一个驱动器，或者说，服务是连接客户的枢纽，是客户价值创造的"试金石"。服务深化了与客户跟合作伙伴之间的关系，有利于产业生态的构建。

（根据彭剑锋老师口述整理）

说明：本栏目新闻图片由福田区企业发展服务中心提供。

战略成长

CHINA STONE▶▶

要跨越企业的生命周期，保持企业一浪赶一浪的往前发展，必须在老业务没有衰退之前把新业务做起来。

——苗兆光

开辟企业第二增长极

——企业活着与持续活着的必由之路

苗兆光

华夏基石双子星管理咨询公司联合创始人、
联席CEO、训战咨询专家

- ■ 为什么说增长是企业的生死命题

- ■ 从哪里要增长？十大增长极开启持续增长通道（附十大案例）

- ■ 谁去做增长？组建新业务团队的十个要领

- ■ 怎么保证增长？新业务的组织最佳实践：事业部制

　　为什么中国很多企业的成功犹如"昙花一现"，一个业务成功后再往多个业务发展的时候就无法突破，企业持续成长乏力？

　　亚马逊、阿里巴巴、"死而复生"的诺基亚，它们跨越逆境不断提升"武力值"的奥秘是什么？

　　小米、百果园、万孚生物这些企业又是凭借什么走出了一条自己的"罗马大道"，通向可预期的美好未来？

第一部分 ✏️

为什么说增长是企业的生死命题

> 从现实来讲，不突破能力局限，往往就难以实现企业持续增长，而企业一旦不增长，就是"温水煮青蛙"的命运。

这些年在辅导中小企业的过程中，发现有两个场景不管在哪个行业里都会遇到，是企业经营必须跨过去的坎。

第一个场景：主业务领域扩张空间不够，必须往新的领域走，怎么走？怎么开辟新的增长极？

第二个场景：企业一旦开辟了新业务或新的增长空间，就会面临一个系统问题：需要业务选择、组织支撑、团队搭建、机制配套等一套整体的解决方案，才能把新的一极走出来。

这两个场景是我们在企业里与企业家、高管沟通最多的问题。所以就有了"开辟企业第二增长极"这样一个系统的解决方案。

一、开辟第二增长极：成为抗击打能力强的"牛企业"的必由之路

我们研究了几个大企业的成长史，业务战略的关键转折，包括亚马逊、华为、阿里巴巴这些世界级企业。先看亚马逊。亚马逊发展起来的逻辑跟过去的企业完全不一样。它早期做线上书店，后来做零售百货、媒体、影视，从平台进入内容领域，现在主要业务是云服务，甚至进入了能源领域。如果去追溯，它的业务增长极之间是有逻辑的。

比如亚马逊做云服务是因为自己的零售平台里面有大量的数据积累，为了把零售备货做得更精准、物流更合理，做了大数据、云计算，后来发现外部有很多企业也需要同样的服务，就拿出来

对外开放了。目前亚马逊已经是世界上第一大云服务企业了。

亚马逊做能源的逻辑是什么？是因为它们的数据库特别耗能，到外面买能源特别贵，为了降成本就探索能不能用太阳能这样节能的方式做，后来发现这个解决方案不但能解决自己的成本问题，还能卖给别的企业。按照传统企业的逻辑来看，亚马逊的业务结构显得过于多元化，但亚马逊是成功的，它就是有很多个增长极，这些增长极之间既有关联，又自成天地。

阿里巴巴的基础业务是电商、金融、物流。每个基础业务都是天大的企业，后来在很多领域布局，微博、钉钉、流媒体，现在还在往传统产业渗透，比如大健康产业。这个企业的发展逻辑几乎跟亚马逊有异曲同工之妙。

我们看近年那些表现好的企业，比如奈飞，本来是做 DVD 出租的，流媒体起来以后就做流媒体，现在又做内容，等于在跟好莱坞竞争，制作《纸牌屋》。它们的业务发展，按照以前的企业发展逻辑是不可想象的。

这是对"大牛"企业的观察，这些"牛企业"发展逻辑发生了变化。

> 对大多数中小企业来讲，第一个产品成功的偶然因素特别大，往往是一个"奇思妙想"，再赶上了一个机会就成功了。

再看诺基亚也非常典型。我们都知道诺基亚的手机业务在最牛的时候占到市场的 40%~50%，iPhone 出来后一夜之间这个企业的手机业务就被打没了。按道理，这就是灭顶之灾，企业就倒闭了。但是很少有人知道，诺基亚在运营商用通信设备领域仍然排在世界前三位，华为、诺基亚、爱立信。诺基亚这个企业牛在哪里？如果不是因为有两个增长极，诺基亚可能就完蛋了，但是人家很快就缓了过来，依然在原来的土壤里、在运营商业务上往上叠加，很有可能在手机领域还会卷土重来，据说现在也有这个苗头了。

案例 1：新冠肺炎危机中逆势增长的万孚生物

中国的中小企业中也有不少抗风险能力很强的"牛企"。比如我长期跟踪的一个企业叫万孚生物（万孚生物是一家从事"IVD in vitro diagnostic products"的企业，即体外诊断产品，包括医疗器械、体外诊断试剂以及药品等的研发生产），万孚 2019 年的营收是 20 亿元，但五年前我认识他们的时候刚刚 3.5 亿元。万孚在这次大疫情、大危机当中表现得特别牛，因为它是国内"唯二"能做新冠肺炎病毒快速检测设备（15 分钟出结果）的企业之一，武汉在建和在用的 40 多个方舱医院里面，所有的快速检测设备都是万孚的。在这个行业里，国内一共有三家上市公司，万孚是其中之一，但这次只有万孚转危为机、逆势成长。其实这次疫情，万孚别的业务也被困住了，如果它没有这项与新冠肺炎相关的业务，那可能它今年的营收也与其他企业一样会受到重创。但这项新冠检测业务能为它带来 6 亿 ~7 亿元的增长。

万孚的这个业务增长极是怎么做起来的？归根结底还是来自企业家的格局和远见。这几年，万孚的核心业务其实一直在增长，但董事长三年前就在做这个流行病病毒检测业务，一直在企业内部培育，从最开始 2000 万元的体量到 2019 年的 2 亿元体量。正是经过最近三年的培育，才使得新冠肺炎一暴发，他们就能快速响应，从产品研发、注册、生产、采购、销售全线动员起来，抓住了这一短暂的机会，实现了企业的逆势增长。

在 IVD 这个行业里，是不可能出现大单品的，早期我跟万孚讨论战略的时候就发现，在这个行业里很难靠做某一个细分市场，成为大企业。要想做大，必须多技术平台、多产品、多细分市场，路线图只能从最容易突破的市场开始一个一个吃，同时培育多个增长极。这个业务思路使得万孚在这次大危机中表现抢眼。

二、开辟第二增长极：企业跨越能力局限的必然选择

核心业务如何保持持续增长？这是我们在为国内成长型中小企业做咨询时绕不开的问题。比如说早期我刚入行时遇到的一个客户企业叫奇正藏药，它在一个产品上突破后，后续产品做成功花了很长时间，这种时间跨度和成本把企业给拖住了。

事实上，对大多数中小企业来讲，

第一个产品成功的偶然因素特别大，不夸张地说，很多时候是老板敢于想，一个"奇思妙想"，再赶上了一个机会就成功了。但是，一个产品成功后，再往多个产品发展的时候就很难做起来。一个产品成功有偶然性，往多个产品发展的时候企业就无法突破。这就是很多企业发展多年以后还是只有那一个产品、一个增长极的原因。对企业来说，新产品的成功就是第二增长极。

当然，增长极不仅仅指产品，还有业务扩展及业务形态创新。电力行业的新联电子，靠在江苏区域市场的成功而上市，但后来往别的省扩张却扩张不开，因为面临人的关系、客户关系等问题时，就卡住了脖子。还有些企业在国内做了起来，往海外就走不动了，或者一种业务形态往多种业务形态扩展时扩展不开。

每个业务面临的市场空间都是有限的，想要打破空间必须走新的增长极，但是每个企业在走新增长极的时候能力的获取特别慢，基本上都会卡顿，卡着卡着就"死机"了。**如果企业跨越了一个能力，它就跨越了一种增长方式。从单一产品的成功到多产品的成功；从单一区域的成功到多区**域的成功；从单一业务的成功到多个业务的成功。一旦企业跨越了这种能力以后，就好像打开了一个全新的、无限的空间。从现实来讲，不突破能力局限，往往就难以实现企业持续增长，而企业一旦不增长，就是"温水煮青蛙"的命运。所以说，寻找第二增长极是非常现实的生存命题。

案例2：所有的转危为机，其实都是长久的准备撞见了机会

在这次疫情中成为讨论热点的某知名餐饮企业曾经拥有战略主动权。前几年它们探索了一个新业务：餐饮行业不仅做门店生意，还可以做原材料生意和半成品生意。比如它们使用的小米、大米、面粉、牛肉、羊肉，为了保持好的质量，在供应链上控制了很多原材料基地。它们曾经想过能不能把这些原材料直接卖给顾客。还有半成品，顾客不会做莜面，它们做好半成品的面，卖给顾客；它们把材料配好，顾客买回家只需要加热就可以了。这家企业很早就想把这块业务做起来，但中间它们犹豫了，也许是考虑到做餐饮的要专注门店业务，或者是担心新业务会对老业务形成

干扰，总之就把这个新业务放缓了。但是这次疫情发生以后，所有的餐饮行业都开始卖原材料和半成品了。这说明该企业之前的新业务思路是对的，但由于它的犹豫，实际上是错过了一次战略机会。假如它坚持做下来，去年一年就能够培养出过亿元的体量了（2018年这项业务已经到了2000万元的体量了）。

过亿元的体量就意味着市场口碑、客户网络都具备了一定规模，那么这次疫情中它就能转危为机、就有爆发的可能了。

当机会来的时候，如果企业的新业务还没有达到一种随时可爆发的状态，那这个新业务的战略性优势就发挥不出来。

三、适时开辟第二增长极是企业经营的必解命题

我在讲课的时候经常被问道：企业什么时候开辟第二增长极？要具备什么样的条件才能开辟第二增长极？等等。我的理解是：企业不存在什么时候开辟第二增长极的问题，开辟企业的第二增长极应该是终身使命，应该贯穿于企业的经营始终。

一是组合关系
· 比如阿里巴巴的电商、金融、物流，在服务客户的界面上，共同构成一个场景
· 苹果发展新业务时也遵循这样一个逻辑
  iPhone、mac、iPad、音乐、支付、应用商店

二是共享部分能力和资源，客户端协同较少
· 如华为运营商业务、企业业务、消费者业务
· 再如艾默生，艾默生有五大业务：工业自动化、网络能源、环境优化技术、家电及专业工具、工业过程管理

三是存在替代性，甚至是颠覆性
· 例如腾讯的微信对QQ的颠覆性替代
· 再比如宝洁的各个业务，潘婷、飘柔、海飞丝、沙宣

图1　新老业务之间的三种关系

为什么这样说，其实前面讲开辟第二增长极的意义时已经讲过了，总结起来讲三点必要性（见图1）。

一是企业要实现一浪接一浪增长的必要。因为每个业务都有自己的发展空间和局限，也有它的生命周期，如果想保持一浪接一浪的往前增长，必须在一开始的业务没有衰退之前把新业务做起来。

二是企业提高抗风险能力的必要。我跟大搜车的创始人姚军红交流的时候，他就直接告诉我，说在中国做生意真的不能把鸡蛋（生意）都放在一个篮子里，放在一个篮子里对企业来讲是致命的。

三是塑造业务组合优势的必要。开辟业务第二增长极不仅能提高抗风险能力，还能显示出业务组合优势，典型的就是苹果。早期苹果的电脑已经被微软打得很惨了，电脑的市场占有率非常低，只有那些有特别追求品质的人才用苹果电脑，多数人都用跟别人衔接比较好的Windows电脑。但是 iPhone、iPad 出来后，苹果电脑的销量大幅度的上升，用苹果电脑的人多了，业务之间的互补优势就出来了。

再看小米，小米这个企业的发展过程中尽管有很多难题，比如手机面临华为的压力就特别大，但是这个企业肯定会走出来的，因为在这么艰难的环境下仍然在增长，这么大的体量，增长的还是不错的。尤其在生态链的领域里，每出一款都是爆品，一个单品卖十几亿元、几十亿元，出来一个就是爆品，比如电动牙刷、电动剃须刀等。疫情期间小米在京东上进行产品众筹，一天下来就有上千万元的收入！小米一旦在小家电领域里形成特别宽带的产品，其实将来对手机也是反哺，因为它的手机跟这些产品之间融合得好、交互得好。我真的认为这种战略走出来的可能性很大。

从哪里要增长？十大增长极开启持续增长通道（附十大案例）

经过对标杆企业的发展路径进行梳理和研究，企业在寻找新增长极的时候，大概可通过十条路径获得增长。每个企业都可以对照一下，结合自己的资源、能力和产业周边环境，通过发掘内部潜力和借力于其他相关条件，创造出新的增长极。

十大增长极之一：在资源和能力的边界上去延展

德鲁克说过，企业就是要把自己的技能和资源用到更多的地方。企业通常都形成了自己特殊的优势，也拥有了许多特殊的资源，这是企业的财富。应该把自身的能力和资源用到极致，把价值放大，这是企业探索自身能力的一个方向。

企业获得自己的核心技能是需要成本的，如果把它用到更多领域，则意味着成本被不断地摊低，效益就会滚滚而来。把这个理念用到极致的就是亚马逊。

案例 1：亚马逊"凌乱"业务背后的能力聚焦——深厚的线上零售基础设施

猛一看亚马逊，会感觉它的业务非常凌乱，背后的逻辑在哪里？比如它做图书，还做出版、电子图书、数字漫画分销、有声读物、媒体，包括电影数据库、数字音乐服务、App、视频、票务、游戏开发，还做零售业务，包括电商销售、全食超市。它在很多领域有自己的自有品牌，业务领域涉及生鲜、支付平台、外卖、众包、云业务、能源交通等，它建风力发电厂、太阳能发电厂，业务版图还包括无人机送货、海洋运输等。亚马逊的商业版图如此庞杂，按照过去的战略理论，我们是无法看懂亚马逊的。

亚马逊业务布局背后的逻辑其实很简单，正是贝索斯的重要战略思想：**线上零售是大势所趋，其重要性一定会替代线下零售，因为它对客户有利。**随着搜索手段日益发达，线上零售大大节省了客户的时间，同时，线上的商业链系统日益完善，也能帮顾客节省购买成本。

如线下零售需要基础设施投入一样，**发展线上零售，同样需要一套匹配线上业务的基础设施的支撑，如根据线上业态建立物流系统、服务客户的个性化算法系统等。**亚马逊早期投入了大量的基础设施，包括云计算系统、线上交易系统、物流系统等。

但是，对基础设施的庞大投入是需要规模来支撑的，也就是说，修一条高速路要满足不同车型都能在上面行驶，才能减少成本压力。于是，亚马逊把自己的线上基础设施能力向不同的领域复制、扩展，比如它的云计算能力除了用于零售，还能用于影视、视频、音乐等诸多领域。如此一来，表面上看亚马逊似乎什么业务都做，一点儿都不聚焦，但其背后的能力是聚焦统一的，统一于线上零售基础设施能力边界内。

案例 2：京都陶瓷——哪里能应用陶瓷，业务就往哪里延伸

到日本考察你会发现，京都陶瓷这个企业也是无所不做的：生活刀具；医疗行业的一些关节、支架之类的精密件；制造工厂里的精密刀具，等等，它的业务也非常多元。

当年稻盛和夫确立的业务核心是陶瓷研发，京都陶瓷在这个技术领域有大量专利，而且这些技术的适应性很广泛，所以京都陶瓷的经营逻辑就是建立在尽量去扩大、覆盖自身陶瓷技术力量的应用领域，在哪里能应用，企业的业务就往哪里延伸。比如用高硬度的陶瓷生产各类刀具，人体对陶瓷植入件的排异性小，所以又研制各种医疗用陶瓷器具。由此可见，京都陶瓷多元化的业务领域也是建立在自己核心能力上的。

案例3：华夏典当行——从鉴宝到珠宝零售

北京的华夏典当行在全国已经开了几百家店，有了一定规模，现在要往珠宝零售发展。它为什么这么布局？因为多年做典当行，他们积累了珠宝鉴定能力，擅长评估珠宝等高档消费品的价值，这是经营典当行业的一种核心能力。华夏典当行是中国典当行业里实力最强的一家，它之所以有进入珠宝领域的实力，正因为珠宝价值鉴定能力同样也是珠宝行业的核心竞争力。

概言之，在资源和能力的边界寻找增长极是企业突破业务瓶颈的第一条路线。

十大增长极之二：围绕客户价值找机会

客户从认识我们，到向我们购买产品和服务，这个过程企业要付出不小的获客成本，如果进一步去挖掘客户价值，也能把经营成本摊低。

经营学上有一些经验性数据，虽然不一定精确，但值得借鉴：获得一个新客户的成本，是保留一个老客户成本的5~25倍，向老客户做销售的成功概率是向新客户做销售成功概率的3~25倍，进行复购的老客户平均消费额是新客户消费额的两倍左右。总之，维护好已有的客户关系是企业经营重要的战略点，要提高与客户发生交易的频度，这些都是基本的商业共识。

基于这个逻辑，对原有的客户，企业怎样卖给对方更多的产品和服务？从这里出发，企业也能找到新的业务增长极。

这方面做得最到位的中国企业是小米。小米业务布局背后的逻辑就是围绕着经营与客户之间的关系，不断拓展与小米客户间交易的宽度和深度。

案例4：小米——不断拓展与客户间交易的宽度和深度

小米早期与手机用户构建起了一个主要以年轻客户为主的黏性群体，小米产品对米粉群体的吸引力在于两点：一是科技感十足，二是能帮客户省钱。

如果只有手机产品，小米与米粉的互动频率是不够的，这些年轻人还需要些什么产品？于是小米从既有科技感又能省钱的客户价值理念出发，生态拓展出品类丰富的新产品，包括手机周边、家电、日用小电器、各种个人随身用品、生活用品等，获客成本因交易频度的增加而逐渐摊低了。

2015—2016 年，小米的第一波增长遇到瓶颈。小米从 2014 年就开始生态链布局，可能有点晚了，但总算推出了生态链产品的增长极。依靠新的增长极，从 2017 年开始，小米又重新进入了快车道。

案例 5：从做产品到提供解决方案，再到帮助客户运营

很多做医疗设备的公司刚开始做单一产品，当围绕医用场景做了更多产品时，就开始给医院实验室做整体解决方案，到后来可以承担医院检验科的整体装备和职能运营，医院有什么需要检验的都交给它干，相互间做好服务定价就行了。

企业可以先做好单一产品，然后沿着产品线去不断拓宽，当产品和技术积累到足够多，就有能力去做整体解决方案。如果一来就想为客户做整体方案，是做不好的，因为对客户需求的把握不够，实力也不够。做好解决方案，下一步就是帮助客户做好运营。

十大增长极之三：扩大客户的基础，拉开客户的带宽

不断扩大客户群，拉开客户基础的带宽，这也是企业拓展业务领域，在市场上攻城略地、剑指行业王者地位所常走的路径。再以华为为例，早期相比行业里的巨头，华为力量弱小，只能从低端产品开始做，面向农村市场。它不断地从低端市场往上走，不断突破，最终形成对运营商的全面覆盖，全球电信行

业有 1200 多家企业，大部分都被华为覆盖掉了。西方大电信公司对客户的挑剔，给了早期华为逆势发展、逐步蚕食竞争对手市场的机会。等到华为能全面覆盖客户时，因为它的技术能力、产品质量多年来已大为提升，所以也没给对手从低端市场包抄留下机会。

不断扩大客户带宽，拓展客户基础，大家从华为波澜壮阔的发展历程能看到，这种战略是很有杀伤力的。从低端市场不断向行业王者的地位攀登，这是客户与市场拓展的过程，也是企业锻造自身核心实力的过程。

十大增长极之四：在产业纵深中寻找增长极

一个企业能做多大、做多久，取决于它的价值链长度。它可以把原材料、生产、销售都做了，也可以只做其中一部分，价值链的长短决定了企业业务的边界。沿着产业的纵深去寻找机会，企业也能找到新的增长极。

这次美国制裁华为，限制打压它的供应链，我们才知道除了做运营商业务和手机，华为早已开始做战略备份，往产业的上游布局，已经在做芯片和操作系统了。手机行业竞争日益白热化，做硬件越来越不赚钱，未来这个行业靠什么赚钱？靠软件和操作系统，如安卓是赚钱的。华为开始布局芯片和操作系统，

其实也是顺应行业发展趋势之举，它的手机生产能力必须向上游走。

操作系统的优势依赖于生态，在这个领域，中国企业是没有优势的。如果没有特朗普制裁令的干扰，华为手机操作系统的推出本来是需要一个适当时机的。总体而言，华为在战略上可以说做好了准备，它与苹果技术的差距越来越近。笔者认为，特朗普的"大棒"反而为华为操作系统赢得用户的同情和支持提供了机遇，其实华为早晚都要走这一步的。

由此我们看到，华为是沿着产业的纵深来寻找新增长机会的。

华为给我们的启示就是，企业要多看看自己所在的产业链，寻找自己可以向上走的环节，寻找向产业纵深拓展的新增长极。

十大增长极之五：在颠覆性业态上投入重兵，建立增长极

在互联网时代，发生颠覆性的改变成为常态，不知道从哪儿来一个竞争对手，就能把传统企业给颠覆掉，这是令大部分中国企业焦虑的。如滴滴的出现使得出租车生意难做了。

在颠覆性业态这个领域，企业要做的不是去寻找增长极，而是尽早构建自己的新业态增长极。一旦发现颠覆性业态兴起的苗头，有实力和雄心的企业要大力投入，培育新业态增长极。

企业的发展常处于这样一种悖论的状态：明明看到新业态会颠覆当前业务，还是要尽全力去培育新的能力，自己打败自己。如果你不去自己颠覆自己，别人会来颠覆你。

这次疫情中，很多软件公司的远程办公、远程服务平台乘势而起，如阿里巴巴的钉钉和腾讯的企业微信，这些线上办公、线上服务平台对原来企业所依赖的 ERP 服务形成了颠覆。腾讯也是以自我颠覆的方式寻求新增长极。马化腾说过一句话：如果微信不是腾讯的，估计现在腾讯公司也就没有了。

案例 6：美国奈飞公司的自我颠覆

美国的奈飞（或称网飞，Netflix）公司因《奈飞文化手册》在企业管理界很火，追美剧《纸牌屋》的朋友们应该知道奈飞，这部爆款美剧就是奈飞出品的。

刚开始奈飞业务很简单，它做 DVD 出租，通过线上出租的方式把对手颠覆掉了，因为线上经营的成本低。1997 年成立的奈飞到了 2005 年，生存也遇到压力，挑战来自新兴的流媒体（如同中国的优酷、乐视等），后者提供在网上观看的内容。

生存压力迫使奈飞也向流媒体行业进军，开始它跟 DVD 供应商好莱坞、迪士尼等公司协商，希望对方开放作品版权，以播放量分成进行合作，但遭到后者拒绝。奈飞于是进入内容领域，一举成功，成就了自己。

十大增长极之六：发现即将爆发的风口，马上扑上去

即将爆发的风口也是企业要密切关注的。做企业，首先要赚到风口利润，看到新风口来了，一定要扑上去。

什么叫风口？就是当某个产业机会爆发时，即便你做得很差，也能从中获利。所有的大企业都是被大风口成就的，大风口可谓百年不遇。当风口到来，企业不要去讨论理论和逻辑，最重要的是抓住风口带来的宝贵机会。

案例 7：字节跳动抓住短视频的风口"疯狂"布局

张一鸣创立的字节跳动公司，刚开始只做今日头条，很长一段时间并没有布局线上直播平台。而此时另一个互联网公司快手短视频，2012 年 11 月从做短视频工具应用的初始形态转型为短视频社区，几年来经营视频分享社区和视频直播平台，但体量一直不大，直到 2016 年，快手才进入快车道，有了四亿用户，日活量达到四千万，这意味着直播的风口就要来了。看到风口后，张一鸣在 2016 年紧急布局字节跳动的视频和直播业务，以几乎疯狂的速度一下子推出了抖音、西瓜视频、火山小视频等短视频产品矩阵，从不同的产品定位，全方位地重兵压上去。

所谓风口就是需求的急剧爆发，即使能力不够强的企业也能从中分得一桶金。企业成功创业需要风口，虽然刚开始能力不强、服务做得不够好，客户也永远是挑剔的，但如果没有风口的助力，企业怎么能起来？

十大增长极之七：从产业的未来趋势上寻找增长极

企业要抓大趋势。向来中国大部分企业家惯用的都是调适型战略，在行进中，左边调调，右边调调，像骑车行进时，两手不断地去调整，大致让自己保持在一条行进的直线上。

这种经营思维的不足是缺乏长远规划，很少对资源进行长期性投入。这样的企业以为自己走的是一条安全路线，殊不知远处潜伏的危险正在不断逼近。正如德鲁克一句很形象的描述，"缺乏愿景和战略的企业就像流浪汉一样无家可归。"

现在智能化时代来了，很多企业不动，它们不知道往哪里动，心里指望同行先干，然后自己见势跟上去，反正这么多年都是这么做的。它们没有基于长远去主动布局，不去主动拥抱趋势，没有永续经营的大战略。

案例 8：贝索斯的战略视野与未来思维

亚马逊于 1994 年成立，1997 年上市。自上市起，贝索斯每年都给股东写一封公开信，此举也体现了亚马逊志在建立长期战略、持续探索新增长极的雄心。他深信，线上业务模式要领先于线下零售整整一个时代，所以亚马逊聚焦于对线上业务基础设施的大规模投入，因为足够深厚的基础设施乃是做好线上业务的基石。

线上业务基础设施需要巨大的投资，而线上业务须具备相当的规模，才能消化这个投资。这就是亚马逊的业务逻辑：围绕着做好深度客户价值，围绕着把线上业务彻底跑通，先花大力气把基础设施构建好，再在此基础上，进行全方位的业务规模扩张。

贝索斯在 1997 年的致股东信中特别强调，他将一切放眼于长期，用长期战略的眼光做基础设施的投资。贝索斯在每年的股东信中复盘亚马逊的经营成果，向来聚焦于公司现金流的增加、客户数和回头客的增加、基础设施投入的增加，丝毫不谈利润的问题。这就是从长期去布局，这就是一个伟大企业家的战略思想。

这样的公司一旦具备了规模，人们会发现，它已经成长为一个很难被别人打败的巨无霸了。现在的阿里巴巴也一样，今天它的实力已经非常强大了。这就是大企业的经营思想，它们的眼光永远投向未来，永远在为未来的胜利做准备，所以企业要想做大做强，业务布局一定要看长期的趋势。

十大增长极之八：在与现有业务形成互补的业务上建立增长极

我们看到很多企业的业务模式是有缺陷的，资源在某个时间段处于闲置状态。比如滑雪场业务，一年营业时间只有三个月，其他时间里资源闲置。又如建筑公司，尤其在寒冷的北方，每年有好几个月无法施工。海南的旅游酒店同样存在资源闲置，营业旺季通常是在冬季。

存在资源闲置问题的企业，一定要围绕着自己的资源和能力，深挖资源使用效益，在业务上要从与现有业务互补或能形成对冲的区域寻找增长极。

十大增长极之九：利用与合作伙伴的关系建立增长极

利用与合作伙伴的关系建立增长极，这也是商业模式上的一个新的突破。关系也是生产力，现在的移动互联社会，人和人之间的关系在改变，创造价值的方式也在改变。

小米就是一个典型的例子。当有了客户群和能力平台以后，它用生态链的思维建立新的增长极，团结了一大批中小企业，给它们赋能。小米用自己的供应链、销售渠道帮它们解决供应和销售，在产品价值链条上聚焦于研发新产品，通过一整套体系来给生态合作企业赋能。

案例9：京东、苏宁的生态玩法——构建一个生态或加入一个生态

京东一方面是通过打造生态链，把自己的完整体系构建起来。另一方面是加盟到一个生态中，从而建立新业务增长极。京东为什么要加盟到腾讯的生态中？因为腾讯是一个拥有庞大流量的公司，但它自身对流量的利用并不是很强，京东加盟后获得了腾讯的流量输出，业务因而得到了腾讯的助力。

苏宁是另一种情况，它有庞大的实体店业态，本身缺乏互联网基因，进入线上业态需要改造自己的基因，其实难度是很大的。苏宁加入了阿里巴巴的业态，后者的引流和大数据助力苏宁迅速构建线上业态。

"要么生态，要么被生态"，"被生态"并不是一件被动的事，每个企业都可以建立自己的生态，也可以加盟别人的生态。概言之，企业可利用自己的外部关系去搭建增长极，与合作伙伴结成生态关系，实现各自能力的互补和利益的共赢。

十大增长极之十：在使命牵引下，通过激活组织建立增长极

前面谈的是向企业外部寻找增长极，现在我们再来看看如何通过激活组织内部，在使命牵引下建立新的业务增长极。内部激活的力量是巨大的，中国改革开放是从农村、农业开始的，在农业领域则主要是解开了过去思想和体制的束缚，土地承包制一下子把农民的生产积极性激活了。

案例10：3M公司通过内部激活不断拓展业务增长极

疫情导致的对高品质口罩的市场需求，让大家更加关注到3M公司（Minnesota Mining and Manufacturing，明尼苏达矿务及制造业公司），它创立于1902年，总部在美国明尼苏达州圣保罗市。3M生产了数以万计的创新产品，在医疗产品、

公路安全、办公文教产品、光学产品等核心市场占据领导地位。2019年全年净收入超过300亿美元，净利润约45.7亿美元。

3M最早是一个采矿公司，矿业生意做得不好，无意之间发明了一种砂纸，反而从生产砂纸中赚了钱。受此单品创业成功的启发，3M大力鼓励内部员工创业，据说它每年至少有五百种创新产品推出，这些产品覆盖各个领域，很多产品受到客户的喜爱，销路通畅，陆续成为企业新的增长极。

这里有一个数据，3M每年销售额的50%，都来自过去四年中推出的新产品，10%的销售额来自过去一年中推出的新品。它现在有六万多种产品，应用范围涉及生活、生产的方方面面。

3M布局新业务的逻辑也很简单，首先看自己掌握了多少独家核心技术，据说它现在有42种硬核技术，它把这些技术开放给产品研发人员，激励大家去创新，把成熟的技术通过不断地再研发，推向更广泛的产品应用领域。

它有很多激励措施，比如定期召开开发者大会等。它在内部管理上还有一个著名的"15%原则"，即3M员工可以自行掌握15%的工作时间，在这个时间里不需要向领导汇报自己在做什么。在宽松的创新导向工作气氛中，员工自主开发出来的往往是最好的新品，源源不断地创新产出把公司的市场不断拓宽，3M正是这样一个通过内部激活不断拓展业务增长极的科技企业。

以上是我在对大量企业进行研究时归纳总结出来的十种增长路径，当然，我们一直强调，企业成功开辟增长极是个系统工程，如何搭班子，如何带团队，如何在组织上进行支撑，如何营造激励创新进取的企业文化氛围，等等，我们将为企业提供一整套的解决方案。

第三部分 🖊

谁去做增长？组建新业务团队的十个要领

> 商业逻辑需要在实践中有所调整，核心团队也要在打仗当中不断地调整，同时，商业逻辑和核心团队这两者之间还要形成联动。

很多企业开拓新业务，出师不利，成功率不高，主要还是在选人用人的问题上没抓住要点。究其症结，主要有三个问题。

第一，人才短缺。企业开展新业务，首先碰到的问题是找不到合适的人。不是高手不肯来，就是请高手的代价太大。

第二，企业"老人"与"空降兵"的局限。"老人"的局限是长期在一个公司、一个业务，视野不开阔，"老人"做新业务通常放不开，他们依赖于从前做老业务的路径，不敢逾越雷池，对新业务没有想象力，打不开局面。而"空降兵"最常出现的问题是想法、做事方式与周围环境脱节，尤其思想比较保守

的老板，会觉得"空降兵"们的想法不着边际，这使得他们做新业务的难度和企业创业难度一样大，成功率很低。

第三，能够干成事的人留不住。企业花费了很大的试错代价把一个骨干培养起来了，业务也做得有眉目了，新业务骨干却在这个关键时候离去，去奔自己的前程了。

那么，究竟有没有一套适用于新业务团队建设的人才纲领，能帮助企业把选人用人的事情从头理顺？当问题出现，应从哪里下手寻求突破？根据我多年对企业的观察和研究，提出企业成功组建新业务团队的十大管理要点。供企业对照参考。

企业在成长中要突破很多限制，首先是人的限制。企业的经营需要不断成长，如果企业家、干部及核心人才、员工的能力成长跟不上企业的成长，就会成为企业成长的限制因素。一个新业务的诞生往往意味着企业进入一种新的发展形态，企业家自己能否完成转变至关重要。

成功建立新业务核心团队，企业家需完成三个转变。

1. 摆脱用人方式的路径依赖

例如，企业家创业初期用人时，他可能喜欢用听话的人，因为他自己本身就是一个扩张型的大业务员，跟他搭班子的往往是善于把老板的想法付诸实施的人，这些专业型部下是收敛型人才，老板与部下之间的互动长期以来也形成了固定的模式。而新业务是创业，需要外向型、经营型人才，这个时候如果老板还想着找听话的人来落实他的新业务思路，会非常困难。

2. 给企业立法，构建企业家共治的管理体系

企业开拓新业务时，新业务负责人通常是经营型人才，甚至是企业家型人才。创始人在过去是一个英雄式的领导，带领一群追随者，而企业开始拓展新业务，意味着它进入到一个企业家共治的新阶段，因为每个新业务领导同时也是一个准企业家。

在企业家共治的经营形态下，老板不仅要与部下分享钱，还要分享权力和地位，他要从过去的随心所欲，转变到给自己立法，这个转变对中国企业家是一个很大的考验。

就我的观察，很多企业家往往不担心分钱，他们更担心对企业失去控制，所以企业在打开权力空间的时候，总是困难重重。可是，在拓展新业务时，创始人很难去管到具体的业务，这时如果权力不下放，新业务是起不来的。

3. 引导组织的变革

原来的组织支撑的是单一业务，职

能部门也是支撑单一业务的固定模式，当企业开始投入新业务时，对职能部门的要求也必然发生了相应的变化。以前，企业是在创始人的指挥下运转，现在拓展了新业务的增长极，创始人应如何引导职能平台，为准企业家的创新经营提供服务和支持？

美的创始人何享健曾自言：我论讲，讲不过柳传志；论写，写不过任正非。但就是这样一个不善言辞的人，他的自我超越之道却很简洁：后退到治理层，把企业直接交给方洪波这样的职业经理人和团队。后来何享健连董事长也不当了，彻底赋权他人，这是一种更大的自我超越。

要点二　用投资的眼光寻找新业务团队

这个还是对企业家的要求，对新团队和新业务领导，你无法在现在就能看准他们的能力空间。因此，选拔、配备新业务团队，老板重点要考察的不是他们现在的能力如何，而要着重看潜力，看他们能不能从现在的状态，走到未来新业务应达到的状态。也就是说，**组建新业务团队时，团队有没有成长的潜力是一个重要的评价原则。**

怎么去判别创新型、经营型人才的潜力？我归纳为以下四点。

1. 渴望成功的愿力

如果一个人没有渴望成功的强烈愿力，他是不可能成功的。举个生活中的例子，我认为家长教育孩子，最重要的是唤起孩子热爱学习的愿力，有了愿力，孩子不用你管，一定也会学得很好，如果没有愿力，不管别人怎么施压，都不可能爆发出真正的动力。管理的本质就是唤起人的主动性。所以我们用人的时候，要找这种内心有冲动的人，做新业务的人，可能开始能力并不十分全面，但只要他有一种和业务一起往前奔跑的冲动，就是可用之人。

2. 具备从学习到成功掌握一件新事物的能力

创新型、经营型人才通常具有很强的学习能力，比别人更善于习得新知识、新技能。

3. 对事业的投入度

尤其做创新业务，对人的敬业度、事业热情的要求非常高。一个新业务启动后，是停不下来的，因为一个新领域一旦看到了增长机会，各方面的资源都蜂拥而来，所以创业者没有机会歇息。

4. 专业背景与专业能力

创新业务团队还应具备相应的专业背景，熟悉新进入的市场、业务和业态，要有能力作出专业的判断。

要点三 寻找具备合伙人思维和"劣后受益思维"的创业型、经营型人才

能最大化利用机会、把新业务打通的人是经营型人才。同时在资源不齐全，人才队伍不整齐，市场前景不明朗的背景下，新业务负责人不仅要有经营头脑，还必须是创业型人才，需具备创业型人才的特质和经营型人才的独特思维。

1. 创业型人才的特质

我认为可以用这样三个标准衡量。第一，创业型人才倾向于用成长的眼光衡量一切。做业务，如果停止成长，他认为就是一种失败，他追求做事业永无止境的改进。第二，他不轻易设限，认为能力是可以获得的，他会反复去挑战现有的知识和经验，乐于探讨更大的可能性。第三，具有奋斗者思维。区分一个人是不是奋斗者，不能用投入工作的时间去定义他，而要用主动做事还是被动做事去定义。奋斗者就是主动做事、全力投入的人。奋斗者信仰获取分享，

他想的是如果把这件事做出了成绩，我就能从中获益；他信仰的是大家一起把事情干成，之后我能分多少，而不是领导吩咐我做什么，因此你得给我多少。这就是经营者思维。

2. 经营型人才的合伙人思维和劣后受益思维

什么是合伙人思维？

我讲一个事例：一位高阶职业经理人，被一家知名企业聘请，对企业的贡献也颇高，但企业家跟他中止了后面的合作。他很困惑，就跟我聊起这件事。他告诉我，当初签约时老板跟他谈的是建立大客户营销的职能，他已经完成了，帮助企业建立了这项能力，对企业贡献颇大。但建成新的营销职能后，下一步需要推动后端生产系统、研发和采购系统的调整，以更好地匹配前端的营销，老板希望他继续做好后面的事情，比如把交付系统做好，但他认为自己是做营销的顶尖人才，不愿意偏离专业去做生产端和人力资源管理。

所以我们可以一起思考：究竟何为合伙人思维？我认为，合伙人思维的出发点应归属于企业，环境一旦改变，你就应随之改变，企业或团队的整体绩效是事业的第一目标。有合伙人思维的人做业务时，即使遇到了无法克服的障碍，也会尽全力扑上去，对他来讲，最重要的永远是把事情做成。

而职业经理人思维是另一种逻辑，也可以说是专家型思维，他认为自己归属于某个精通的领域。比如我是搞财务的，来你这儿我只做财务，让我干别的，等于荒废了我的本行。上述这位职业经理人在雇佣企业拿百万年薪，当他帮助东家从0到1建立大客户营销体系时，这件事是企业愿意付出代价去换取的；而当体系建好，再往上提升系统效率时，速度就变得缓慢了，这时老板就会认为你接下来的贡献不值他付出的几百万元年薪了。老板的决定有他自己的价值判断，老板需要的是与企业共进退、以企业的利益和需要为出发点的合伙人。

合伙人思维还表现为劣后受益思维。合伙人思维的出发点是把别人动员起来，让别人的资源为我或我们做的事服务，事做成了，让合作者把该得的利益拿走，自己的利益分配是劣后的。合伙事业的风险很大，如果成功，劣后获利的人可能赚得最多；如不成功，劣后受益的人损失最大。经营型人才在利益分配上都是劣后受益思维，他不会抢先拿走利益，一定是努力把蛋糕做大，让别人先分，自己最后拿。

要点四 多关注组织里特立独行的"坏孩子"

领军人才应该从"坏孩子"里面去找，就是那些不听话，有自己的独立主张，在人群里和组织里显得格格不入的人。

我服务过的一家民营企业，前几年刚接触时，老板抱怨说每年下业务指标，都有三个特别不好商量的"反对派"干部，他们对业务应该怎么做总有另一套想法，而且试图说服老板；每年做利益分享方案时，也是这三个人跳出来，他们对分配方案总能挑出毛病来。后来这个公司上市了，有了资金，想把业务打开的时候，那些"好孩子"们没有一个愿意去领军新业务，恰恰还是那三个"反对派"，一个套现了股票，自己创立公司，很快就上了一定规模；另两个人在企业内部创业，其中一个已经把新业务做到几亿元的规模，另一个觉得自己独挡一面的能力不足，向公司要了政策，从外面找了个业务搭档，现在业务也做起来了。

"坏孩子"敢于挑战和打破现有的规矩，企业开辟新业务，需要的正是具有这种特质的人。当然前提是，企业里一定要包容"坏孩子"的存在。

要点五 选拔新人去做老业务，激励老人去干新业务

组织管理上有一个原则：对干部要管结果，对基层要管过程。

但对业务管理，我认为应该反过来：老业务管理过程，新业务重点看结果。

为什么？因为老业务的模式已经稳定，在稳定的框架内，不同的做事过程就能产生不同的结果。这正像老司机开车一样，轻车熟路，一踩油门，就知道该加什么速度，所以管好老业务的过程，就能达到理想的效果。相较而言，对于新业务，大家对过程都不熟悉，不知道什么样的过程能带来什么结果，所以对新业务，真正要关注的是结果。

新人做老业务，是一个培养、历练其工作能力的过程。实践中，把新业务一揽子交给空降人才，大部分老板是不放心的。所以稳妥起见，可以把新业务托付给知根知底的老人去做。而让老人去做新业务，可以防止干部"未老先衰"，激发他们持续奋斗。企业里为什么有很多资深干部，老气横秋、萎靡不振，真

成了"老"干部？就是因为多年来对业务的路子摸得太熟，以至于工作再也无法激发起热情，他们的状态显然不再是奋斗者了。一个持续处在奋斗状态的人，一定是因为他不断地受到挑战、不断受到激励。老板应该大胆地把有一定发展潜力的老人往新业务里放，用新业务的环境倒逼他们继续成长。

当然，还有很重要的一点，企业内部的新业务任用老人做团队负责人，优势在于老人更善于利用企业内部的有利条件，他知道老体系里有什么样的资源能帮到新业务。综前所述，从外面找一些新人，让他们做好老业务，同时从内部释放出一部分资深干部，让他们掌舵新业务，我认为这是企业规划业务团队的一个很好的实践方式。

要点六 新业务机不可失，"瘸子"上阵也要干

找到合适的领军人物之前，只能用不那么合适的人，这种条件下，新业务是干还是不干？我的结论是，**如果新业务的时机不可错过，没有将军的情况下，**

"瘸子"上阵也要干。建好新业务团队是需要一个过程的，不可能一下子"兵强马壮"。即便开始就有了领军人物，团队也得花一段时间"安营扎寨"，搭

建业务结构，这个打基础的过程甚至需要很长时间。企业家完全可以先用一些老人上阵，让他们先做这些新业务的前期工作。

斯隆是把通用汽车带到世界第一大企业的功臣。通用汽车早年被福特汽车打击得无还手之力，斯隆接手前，通用汽车的领导人是杜兰特。杜兰特善于打基础，并购了很多企业生产各个价格区间的车，品种丰富。遗憾的是，杜兰特不善管理，集团下的子公司无法协同，于是宣告破产。之后杜邦接手了通用汽车，斯隆临危赴任。经过斯隆对旗下业务的整理和组合，通用汽车重新焕发了活力，一举击败福特汽车。

如果没有杜兰特当年打下的雄厚基础、如果斯隆后来的管理变革是从零开始，通用汽车当年也很难被妙手回春。

做新业务，很多时候是需要去占位的，做任何新的尝试大抵如此，需要先遣兵去"趟地雷"，新业务也是得先派些人去试错，才能把市场捅开。我们需要把握住的一个关键点，就是控制好布兵和占位的节奏，在拓展能力和新业务团队能力没有得到成功验证之前，重要的是控制好前进的节奏。

总而言之，在没找到满意的领军人物之前，"瘸子"上阵也得干，说不定，在冲锋陷阵中，瘸子也能爆发出很大的能量来。

要点七　为外来的"狼"配备合适的"狈"

外部人才进入企业后，最大的不足是不熟悉企业的资源情况，新人跟企业内部的人没有交情，因此，外来的领导人做新业务，面临的困难几乎跟做初创企业差不多，无法真正借力企业的已有资源。

为避免这种情况，企业应该为外来的新业务领导搭配班子。**根据华为、万达这些成功大企业的经验，它们的做法**

是新来的人做一把手，派企业原来的人去做二把手。

很多企业却不是这么想的，它们更相信自己人，所以自己人做一把手，外来的人做二把手，但这样搭配班子有问题。

问题在哪里？从外面请人是因为内部缺乏这类人才，现在请了人来，还把人家放在副手位置上，引进的人才怎么能发挥作用？副手通常是做配合性、协调性工作的，一个外来的人怎么去协调企业内部的事情？

通常副职是被培养的对象，通过副职培养过渡到正职岗位，既然如此，为什么不把老人放到新业务副职上去培养、造就？这样做才合情合理！新业务团队正确的搭班子原则是为外来的"狼"匹配内部的"狈"。

要点八 大胆使用兼职干部

如何在状态稳定的企业里开拓新业务，这是一个世界性的难题。《现在，顶尖商学院教授都在想什么》一书里讲到，一些管理学者、商学院教授都在研究世界级大企业开拓新业务时，它们采用了什么样的模式。哪些企业的成功率高，哪些企业成功率低？

新业务通常会对老业务形成打击，当新业务与老业务形同左右手互搏时，由于新业务刚刚发育，往往很脆弱，容易被老业务当作对手干掉。此外，新业务本身也存在着市场小、资源薄、抗风险能力弱的问题。学者们发现，**在新业务里安插兼职的老业务负责人，这些老人能从老业务明里暗里为新业务输送资源，这种状态下，新业务更容易成长起来。**

教科书上的管理学通常强调不同业务要切割清楚，而实际的情况是，**新业务一定是需要寄生在老业务上，从老业务吸取能量和资源的。**所以学者通过研究成功案例后给出的结论是：

在新业务里设置若干兼职干部，同时让兼职干部在老业务里保持一定的地位，兼职干部的利益与新业务捆绑得更紧密，他们就会从老业务里把有用的资源往新业务输送。

对这种情况，企业应保持管理的灰度，不要限定的那么绝对化，应默许兼职干部的输血行为，老业务可能会因此受到一点损失，但相比于输血带给新业务的关键增量，从整体和长期来看，它对企业的业务拓展是有益的。总体利大于弊。

要点九 新业务需要老板的"偏心眼"

这跟父母养孩子是一样的，总是最小的孩子较受偏爱。大些的孩子们强壮了，年幼的孩子稚嫩弱小，家长难免有所偏爱。企业的新业务也是如此，如果老板不给予特别的呵护和支持，它是成长不起来的。对已经稳定下来的成熟业务，老板要用更超脱的态度对待之。

张小龙开始做微信的时候，在腾讯里的级别比较低，无法与马化腾直接对话。当微信迅猛发展开始崭露头角之时，据说当时很快就有了一个微信上的"午夜小组"，共三个成员——马化腾、张志东（腾讯联合创始人、CTO）和张小龙。这三个人干些什么？几乎每天晚上12点以后，他们在微信上讨论工作，为什么这么晚开始讨论？因为每天这时候，微信一天的用户数据都出来了。这三个人每天进行午夜的工作讨论，沟通微信的发展方向、资源的调配等。

在微信与米聊厮杀得白热化的阶段，腾讯做了一个决定：所有QQ用户可以直接把通讯录导入微信。对QQ这个老业务来讲，这个决定多么不公平啊！在很多企业，类似举措很难让老业务团队接受，这等于让老业务把多年积累的客户拱手送给新业务。同时，腾讯把QQ团队的一些技术大牛调到了微信团队，老业务对新业务做出了无条件地支持。

老业务在公司的地位已经根深叶茂，势力很大，如果老板不站在偏爱和大力支持新业务的立场上，如果马化腾不舍得拿出最大的核心资源扶持微信团队，微信怎么可能一下子爆发出如此巨大的能量？当我们了解了其中的道理，都会感叹：腾讯的战略眼光和执行力的确是强悍的！

培育新业务时，不要在新业务和老板之间设置不必要的管理隔层。新业务领导人需要与老板之间建立直接联系，这样的组织框架意味着公司能拿出资源全力支持新业务。老板要旗帜鲜明地大力支持新业务，在资源支持上对新业务团队要"偏心"（老业务如何赋能新业务，如何建立老业务补偿机制请见图2和图3）。

要点十　新业务要在"打中练、战中选、跑中调"

新业务团队是新事物，还没有被实践证明过，从起步的小业务做起，团队建设也是一个有待磨炼的过程。这是一个在打仗中成长的过程，在这个过程中你要选人、调人，这项工作是高难度的，同时至关重要。新业务领导人如果不能胜任，企业决策层要及时止损，作出调整。不胜任的新业务领导要尽早换下。把不合适的人放在不能胜任的位置上，他在火上烤，企业也在火上烤。

新业务如果在足够的时间窗里未见成效，只有两个原因：要么业务的方向错了，要么人员配置错了。多数的情况不是业务方向的问题，而是团队无法胜任。有开拓能力的团队，即便开始预设的业务方向和模式有偏差，他们也能在不断地奔跑中去纠错，慢慢地自己把业务方向调过来。就像一个有技术的司机即便行驶在颠簸的山路上，也能灵活掌控，做到有惊无险。**新业务起不来，人的因素更大。**因此，新业务团队要不断调整，在调整中，团队才能真正建好。

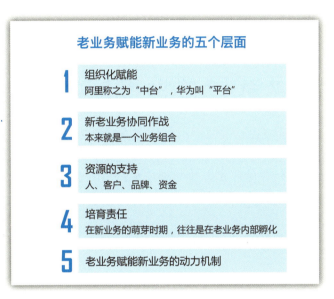

图 2 老业务赋能新业务的五个层面

图 3 建立老业务补偿机制

第四部分 ✎

怎么保证增长？新业务的组织最佳实践：事业部制

> 通用汽车战胜福特汽车是商业世界里先进组织方式的一次辉煌胜利，通用汽车以事业部群雄并立、协同进击的一群人，打败了老福特汽车高踞金字塔尖决策的一个人。

一、案例：Q公司的两个新业务为什么做不起来？

2003年，我为一家医药公司（代称为Q公司，以下同）提供咨询服务。Q公司的老业务是外用膏药，做得非常好，占到了膏药市场30%的份额。但是，外用膏药市场有限，再继续增长就很困难了。公司希望做新业务，开辟新的增长极。它根据自己的资源禀赋，计划上两个新业务，其中一个是胃药。业内人知道，医药行业想做大，胃药市场、心血管药市场、肿瘤药市场这三个大门类药品必须进入。另一个业务是保健品方面的。因为Q公司有优质的药材资源，如红景天这类药材就适合做保健产品。

胃药做出来后，公司的营销思路沿袭推广膏药的做法：先进入医院药房，通过医生介绍给患者，患者用过觉得有疗效，有了口碑和推荐度以后，药店的销量也会逐渐上去。

起初Q公司认为自己做两个新业务一定没问题，而事实上，这两个新业务很多年都没有做起来。问题在哪里？**推广药品的思路有问题**。膏药是外科医生开的药，胃药多是消化科医生开的药，营销人员把卖膏药的渠道跑熟了，收入稳定，不愿意去推广胃药，因为重新建渠道是个非常吃力的事情。

在激励方面能做文章吗？比如提高胃药的销售提点，降低外用药的销售提点。但外用药销售是这个企业的基本盘，公司又担心激励政策变化会导致老业务业绩下滑。如此种种原因，这个公司很长时间内，没有在组织上解决好培育新业务的问题。

保健品业务也没做起来。我们后来分析失利的原因主要是：保健品市场的反应是不连续的，有自己的市场特点。保健品直接面对普通消费者，人们的消费选择里有很多感性因素，保健品属于非刚性需求，推广难度较大。但Q公司按照卖膏药的逻辑制订保健品销售计划，这个思路显然是有问题的。保健品推广需要先期的较大规模投入，在消费者心中树立一定的品牌知名度，之后才会有连续性的市场回应，这与药品的渗透式推广截然不同。

销售逻辑是新业务不成功的直接原因，但最根本的原因在于Q公司新业务培育缺乏必要的组织专业能力支撑，因此在新业务上很久没有起色。

二、 构建新业务组织治理体系的五大要素、四个核心目标

一个公司针对新业务构建组织治理体系应包括哪些内容？或者说，究竟怎样构建新业务组织？

（一）抓住以下五个要素构建新业务组织体系

第一个要素是组织结构设置。当企业的业务变得复杂，组织结构就要作出相应安排，这关系到组织的决策路线怎么走、怎样产生正确的决策。

第二个要素是有效的决策体系。从大的治理观看，企业的董事会、经营班子会、股东大会，它们之间的实质上分别在于，是不同的决策权归属和决策程序分配，即哪些决定由谁来做、如何来做。企业的新业务组织也如此，适合新业务特点的组织结构设置，目的是使决策更有质量。

第三个要素是评价体系。业务相对单一的企业，其评价体系也是单一的，有了新业务后，公司整体的评价体系应与新业务、老业务建立有机的对接，要能对新业务完成的质量、进展作出客观准确的评价。

第四个要素是管控体系。有了新业务后，对管理体系的要求提高了，老业务的管控体系是简单的，业务形态一旦多元化，不同业务形态需要不同的管控。如果"一刀切"地进行管控，很有可能把新业务绑死。

第五个要素是利益激励体系。怎

么分配利益，怎样引导和激励新业务团队积极开拓，执行好战略意图，前面我们已经深入探讨过新业务利益机制的话题，在此略过（见图4）。

（二）组织治理体系构建要围绕四个核心目标

目标是做事情的最终旨归，明确了目标，在内容构建和具体实施上就能有弹性，当内容或具体举措因环境变化需要调整时，只要我们牢牢盯住目标，实施起来就能富有柔性，落地效果会更佳。

组织治理体系的目标我认为有以下四个。

第一，组织治理体系的目标是实现

战略，与战略共同构成一个整体。美国商业史学家钱德勒（1918—2007）在《战略与结构：美国工商企业成长的若干篇章》一书中，以杜邦公司、通用汽车、新泽西标准石油公司和西尔斯公司为代表，论述了分部制管理结构的产生和完善过程。书中明确提出结构追随战略的观点，即战略决定结构。企业业务复杂了，结构一定也会复杂，组织结构是业务的表达式。

后来钱德勒又补充到，上述的表达还不够准确，企业的战略和结构其实是一体之两面，很多时候不是战略决定了结构，而是结构反过来影响业务和战略

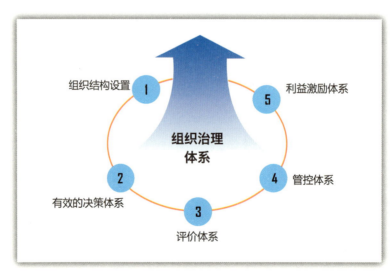

图4 组织治理体系的内容

> 企业的战略和结构其实是一体之两面，很多时候不是战略决定了结构，而是结构反过来影响业务和战略的执行。

的执行。这就是为什么往往是企业的能力决定了它往哪里走，因为一旦组织的结构稳固了，不管主动还是被动，内部的人都适应了这种结构，再想改会很困难的。

企业在创业时，是业务决定结构，等组织定了型，它会反过来影响甚至决定业务。打个比方，组织就像一个逐渐成形的河道，业务和战略是水流，刚开始，水流冲击出河道的雏形，到后来，河道变得稳定了，水流越来越受到河道的牵引和制约。当企业思考业务选择时，应该能省察到一个事实：因为组织的限制，很多机会并不属于你。

我们在这里达成一个共识：要把组织和战略作为一个整体来考虑，这二者是一体的。

第二，组织治理体系的目标是服务于企业和新业务的市场竞争力，而不是服务于某些群体的利益，尤其是大股东的利益。为什么要强调这一点？因为有太多的企业，不正当地把企业治理体系用于服务某些群体的利益，尤其是保护大股东的利益。

我帮一些公司做新业务方案时，有时明知这样的业务规划走不通，不是其他原因，而是公司顶层没有完成治理结构的改造，还是老板的"一言堂"。所谓"一言堂"，实质往往是老板把自己的利益放在企业之上，他认为企业说到底是他的，把企业作为实现自己人生理想的舞台，而不是把它当成一个人人可以发光的公共平台。在这种治理理念下，新业务团队的创业热情是焕发不出来的。

总之，建立业务的治理体系，一定要服从于业务的市场竞争目标，怎么使新业务具有竞争力，你就应该怎么去设置相应的治理架构。

第三，保证企业能够及时作出正确决策。企业是一个对抗性组织，尤其对新业务而言，一个职责、一种权力到底应该让谁履行，决策者不能破坏外部的规定性和要求。外部竞争激烈的时候，企业必须快速作出决策，治理体系必须有利于决策的速度，这样才能响应外部变化，满足外部环境提出的要求。

第四，理顺内部关系，使之充满扩张的力量，不限制业务发展，也不纵容它无限扩张，管而不死，活而不乱。这句话不是我发明的，是任正非说的，我把它转过来了。要通过组织治理体系，理顺内部关系，如研、产、销之间应该是什么关系，高、中、基层之间是什么关系，核心团队与外围团队之间是什么关系，等等。"使之充满扩张的力量，不限制业务发展，也不纵容它无限扩张，管而不死，活而不乱。"我觉得这句话特别有道理。

大家请记住，以上这四个旨归，就是企业治理体系的目标。我们牢牢记住这个目标，再去想在每个治理板块应该怎么干。

三、事业部制是培育新业务最有效的组织形式

虽然各种组织形态都有各自的优

> **各事业部负责深耕自己的产品和市场，这样的阵容助力通用汽车在市场上对福特汽车形成了立体化的阻截。**

点，但从培育新业务的角度来说，到目前为止，事业部制是培育新业务最有效的组织形式。

衡量组织结构优劣的标准是效率，在单一业务的情况下，直线职能型组织最有效。为什么？直线式体制下，只要高层决策的质量跟得上，它执行的效率是最高的。问题在于，直线职能式组织很难管理新业务，因为顶层的决策力量不够。当直线式体制最高层只有一两个人在决策时，对单个业务他们能有效管理；当下面的多元化业务需要决策时，这一两个拍板的人决策的精力和知识储备都不够用，决策的质量受限。因此，直线职能型组织孵化新业务很困难。

矩阵制也是一种堪称完美的组织，它的问题在哪里？当面临新业务的扩张需求时，矩阵制结构会约束新业务的快速成长。它的长处是能较好地解决责任和能力共享的问题，但它的运行难度大，对企业的管理水平要求高。我们看一看华为的矩阵制，它一直非常有效，但从2011年开始，华为开始推事业群制，成立了三大事业群：企业事业群、运营商事业群、消费者事业群。

之前，在矩阵制的业态下，华为从2002年开始做手机业务，运行了很多年，没有实质性突破，2011年改为事业群制之后，它的手机业务和企业业务迅速扩张。由此可见，事业部制是适合培育新业务的。

中国企业里，业务扩张做得最好的当属美的。美的进入了多个业务领域，其治理结构是典型的事业部制。当美的还在营收为26亿元的体量时，就开始了多事业部运作方式，所以它的扩张力特别强，不断地有进入新领域的冲动。由此可以观察到，事业部制天然地对企业进入新领域有一种适应能力。

孵化新业务的组织形式还有很多其他种类，如分层自治、准事业部制（不是完整的事业部，而是在营销端、研发端等部分切分出来），如小米的生态链，如大平台＋独立经营体、阿米巴、小微等，实际上，这些组织形态都是事业部制的变形。但事业部制就像做新业务组织的一个原理，我们把事业部制掌握好了，其他的变形也就容易理解了。

四、从通用汽车的事业部创制看事业部的机理

在大工业生产的早期，20世纪20年代之前，垄断汽车行业的巨头是福特汽车，它在全世界汽车市场的占有率一度高达70%，通用和其他公司加起来30%。福特汽车无可撼动的地位后来发生了变化，美国经济的发展使消费者开始分层，这时其实企业也在分层了。高收入阶层有了个性化的消费需求，价廉物美不再是市场唯一的诉求。

当时，老福特也穷尽办法想推出新车型，但在一人独裁的直线型管理模式下，其他管理者其实都是它的侍从和跟班，没人能独挑大梁，去建一个新业务，企业还是按照惯性往前走，想象力暂时止步于黑色T型车。福特T型车的生产曾是当时先进工业生产技术与管理的典

范。而这时，通用汽车迎来了活力勃发的金色年华，这个时期的掌门人斯隆堪称最伟大的职业经理人。

事业部制是斯隆的天才独创，他按照高、中、低档不同车型的业务划分出不同事业部，每个事业部都有一个专属管理班子。**各事业部负责深耕自己的产品和市场，这样的阵容助力通用汽车在市场上对福特汽车形成了立体化的阻截。**

到"二战"结束时，通用汽车和福特汽车经过一二十年的市场较量，市场形势完全扭转了，通用夺取了世界汽车市场 60% 的份额，福特汽车的属地缩减到 10%。对于这一场商战，我的观察是：这是商业世界里先进组织方式的一次辉煌胜利，通用汽车以事业部群雄并立、协同进击的一群人，打败了老福特汽车高踞金字塔尖决策的一个人（见图 5）。

斯隆在通用汽车的事业部管理创制为企业管理作出了巨大的贡献，直到今天，他对事业部制的设计思想和结构安排，依然是现代企业事业部制遵循的基本原则。斯隆进行事业部制改造的设计思想和要点我归纳如下。

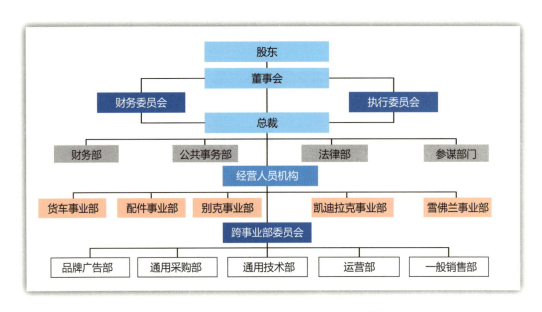

图 5　1921 — 1924 年斯隆主持下的事业部结构

(1) 不同的业务形态分成独立事业部，如凯迪拉克、别克、雪佛兰、货车、配件等。

(2) 每个事业部承担起完整的经营责任，如市场责任、利润责任、资产责任、员工责任等。

(3) 每个事业部的核心考核指标是投资回报率（净资产利润率）。要有最低投资回报率的承诺，如果达不到基准水平，管理班子就要下课。

(4) 总部成立公共平台（跨事业部的委员会），包括品牌广告部、通用采购部、通用技术部、运营部（对产销平衡进行协调）、一般销售部（共享的大客户和销售资源）。公共平台承担什么任务，遵循什么领导规则？它的治理权归属于各个跨事业部的委员会，讨论共同关联的品牌、产品标准、协调策略等问题。

这里我特别强调一下，企业总部运作公共平台的管理水平，是一个关键要害之处。在好企业里，跨部门委员会的治理特别有效。因为复杂组织内的各单元无法清晰地切成完全独立的部分，它们相互间一定需要一些共同的策略，跨业务委员会的职责就是讨论、制订这些共同策略。

(5) 事业部与事业部之间采用市场定价机制。不同部门间的资源使用采用市场交易的法则。

五、新业务的管控之道：以美的事业部的最佳实践为例

新业务组织设计的最后一个内容，是对新业务的管控。

培育新业务要做好两件事，一件是激励，一件是控制。控制不是把业务管死，而是确保业务在航线上走，不偏离轨道。人性都是有灰度的，私心重者难免会把自己的利益放在新业务之上，因此对新业务仍需要管控，这是组织治理的一个重要方面。

管控新业务有三个基本原则。

第一个原则，摆脱路径依赖。不能过去的业务怎么管，现在管新业务也照葫芦画瓢。要根据新业务的具体形态实施管控，重在关注新业务成功逻辑的要点。

第二个原则，赋能为主。新业务最重要的是能力，管控的目的是给它增加能量，不能为了管而削弱它的能力。

第三个原则，管控最小化。鉴于新业务作为创新活动的特殊性，能不去管控的就不干涉，对不得不管的地方适度

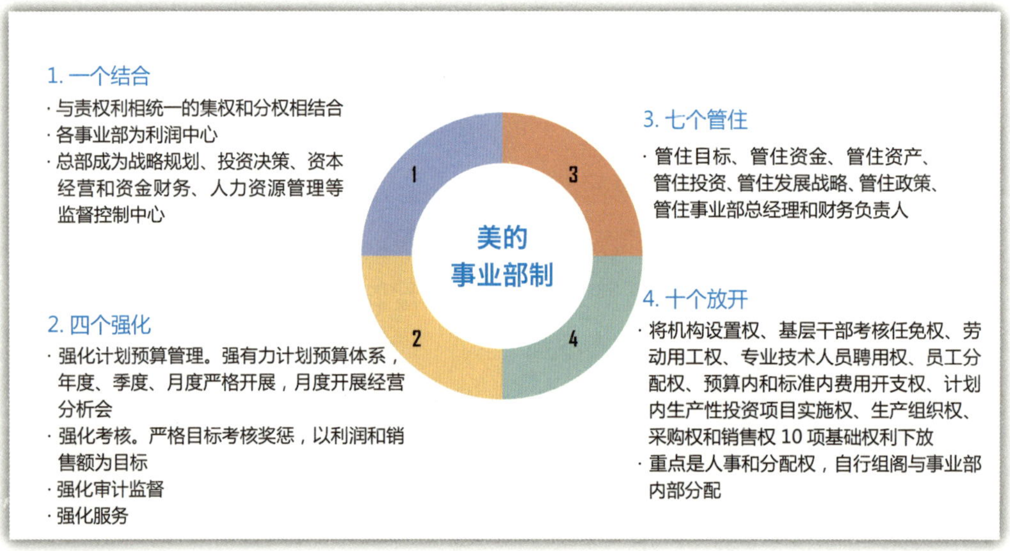

1. 一个结合
· 与责权利相统一的集权和分权相结合
· 各事业部为利润中心
· 总部成为战略规划、投资决策、资本经营和资金财务、人力资源管理等监督控制中心

3. 七个管住
· 管住目标、管住资金、管住资产、管住投资、管住发展战略、管住政策、管住事业部总经理和财务负责人

2. 四个强化
· 强化计划预算管理。强有力计划预算体系，年度、季度、月度严格开展，月度开展经营分析会
· 强化考核。严格目标考核奖惩，以利润和销售额为目标
· 强化审计监督
· 强化服务

4. 十个放开
· 将机构设置权、基层干部考核任免权、劳动用工权、专业技术人员聘用权、员工分配权、预算内和标准内费用开支权、计划内生产性投资项目实施权、生产组织权、采购权和销售权 10 项基础权利下放
· 重点是人事和分配权，自行组阁与事业部内部分配

美的事业部制

图6　美的事业部制的基本做法

管控，遵循管控最小化原则。

　　美的成立事业部时，何享健先生就确立了美的事业部制管理的十六字方针——集权有道、分权有序、授权有章、用权有度。

　　在何享健的十六字方针下，美的有一套做法，称为"1471"，即一个结合、四个强化、七个管住、十个放开（见图6）。

　　一个结合：责、权、利结合。

　　四个强化：权力分下去了，总部的角色是做投资规划、做资本运营、做人力资源体系等。事业部是利润中心，全责承担产品的经营。分权的前提是四个强化。

　　强化计划预算管理。事业部可以要权力，但你要告诉总部，你的目标和计划是什么，整体计划和预算得到批准，权力才能给你。事业部在执行过程中，要与计划对齐，在计划和预算内走。

　　强化考核。没有评价就没有授权，所以一定要能评价，才能授权，美的当年对事业部的考核是以利润和销售额为目标。

　　强化审计监督，强化服务。

　　以上是美的事业部分权管理的四个强化。

七个管住。管住目标、管住资金、管住资产、管住投资、管住发展战略、管住政策、管住事业部总经理和财务负责人。

十个放开。总部把要害都管住以后，其他的权力都放开。如事业部下面想设立什么部门，任命谁，总部不管，只管事业部层级的干部。劳动用工不管，专业人员聘用不管，员工利益分配不管，预算内和标准内费用的开支不管（只管批预算，之后钱按什么节奏花，自己决定），计划内生产性投资项目的实施不管（只管批项目，不管具体实施），生产的组织权、采购权、销售权都不管。

大家在做新业务时，在事业部管理上可参考以上美的的做法。美的是 1968 年成立的公司，到 1996 年营收达到 26 亿元，1997 年业绩首次下滑，只有 20 亿元。经过事业部制改造后的美的，在 2000 年时营收突破了 100 亿元，它的五大事业部把新业务的活力激发出来了，把美的推上了快速发展的崛起之路。

最后，我们回过头来重温一下前面讲的新业务管控总体原则：摆脱路径依赖，赋能为主，管控最小化。企业不要在这些地方投入过大，避免成本冗余，这是管控新业务、做好事业部管控的出发点和基本原则。🆔

注：本栏目图表均由作者提供。

组织能力

CHINA STONE ▶▶

组织能力是企业形成核心竞争力的关键，也是企业跨越周期、屹立不倒的真正内在力量。

——夏惊鸣

企业核心竞争力的隐秘支撑——组织能力

编 前

　　企业能力有两条线：明线是核心竞争力，暗线是组织能力。组织能力是企业形成核心竞争力的关键，也是企业跨越周期、屹立不倒的真正内在力量。《华夏基石管理评论》组织了内部专题研讨，讨论组织能力的几个主要问题。

主题发言

组织能力建设要抓住四个"构件"，躲开三大暗礁

夏惊鸣

华夏基石双子星管理咨询公司联合创始人、联席CEO、训战咨询专家

组织能力建设的三个核心问题：

第一，为什么组织能力很重要？

第二，到底什么是组织能力？组织能力的核心构成有哪些？

第三，组织能力建设过程中的关键命题。

一、为什么要建设组织能力？企业核心竞争力的隐秘支撑

组织能力是企业形成核心竞争力的关键，也是企业跨越周期、屹立不倒的真正内在力量。

总结企业的发展规律，事实上，绝大多数企业最初的成功都是属于偶然的、"一不小心"的，企业从起步阶段地想活下去、活得更好一点，到抓住机遇、做大做强，从而实现了从生意到事业的蜕变，并不断产生对新的事业的追求。

对事业的追求，核心应是对产业竞争力的追求。抛离了对产业竞争力的追求，则不是真正的事业概念。企业经常所讲的"追求世界第一、全球第一"这类目标，就是在追求产业竞争力。

从企业经营的结果上看，产业竞争力体现在企业规模增长和盈利能力的提高之上；而从核心竞争力上看，产业竞争力体现在三个方面。

（一）品牌

需要注意的是，品牌不是指打广告，而是企业的研发、生产、营销、人力等方面凝聚在客户心智中的深刻印象。在客户或消费者心智中形成强势品牌，具有很高的竞争壁垒。这也是有些企业倒闭后，其品牌依然很值钱的原因。品牌同时具有较强的不可替代性，一个品牌一旦在客户心目中形成深刻的印象，想改变它或者替代它是很难的。因此"品牌"是核心竞争力的第一个体现。

（二）知识累积性复杂系统

一家不属于高科技行业的餐饮企业能不能做成一个很牛的企业？当然可以。决定这家餐饮企业最终能否成功的关键因素是品牌和可累积的复杂系统，例如，中央厨房、冷链供应链、门店运营体系，如果这家餐饮企业能够把这些具有较强不可替代性的知识累积性复杂系统做出来，就会形成很高的竞争壁垒。一个典型的例子是百果园，其核心竞争力就是"系统＋品牌"。

（三）高壁垒的技术

企业界流行这样一种说法——"超一流的企业做标准"，很多企业认为能够参与到制定国家行业标准的队伍中，就是超一流的企业了。这实则是个误解，对标微软、英特尔、高通这些世界顶级公司，不难发现，"超一流企业做标准"，其实做的是知识产权，是技术，并且是底层的、基础性的、高壁垒的技术。这

才是企业的核心竞争力。

进一步看，核心竞争力形成的背后是组织能力，企业要打造核心竞争力、形成产业竞争力，实现事业目标和持续发展，最终都离不开组织能力的支撑（二者关系见图1）。

为什么这么说？我们可以思考一下一个企业的核心竞争力究竟是怎么形成的？比如说技术，如果企业没有好的研发团队，没有形成好的研发人才梯队和研发管理体系，又没有有效的研发激励机制，技术的核心竞争力能形成吗？显然不可能。

再比如品牌，如果营销、生产、研发都没有很好的管理体系，没有很好的人才梯队，没有很好的机制，怎么能够形成有影响力的优秀品牌？

还有高壁垒的知识累积性复杂系统的形成，如果没有人才梯队的持续建设，没有很好的激励机制激发大家持续成长，也没有高效率的管理体系保障人才梯队和动力机制的相互作用，怎么能形成知识累积性复杂系统？

这么推导下来，背后的逻辑就清晰了——企业持续发展必须要形成核心竞争力，而核心竞争力来源于组织能力。

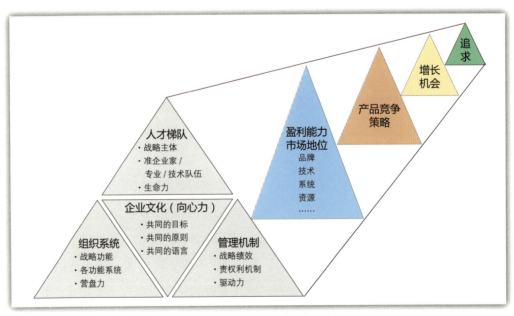

图1　企业核心竞争力与组织能力

> 企业要打造核心竞争力、形成产业竞争力，实现事业目标和持续发展，最终都离不开组织能力的支撑。

优秀的组织能力才是一个企业走向卓越，持续发展的核心内在力量。

二、组织能力的核心构成是什么？紧紧抓住四个"构件"

从组织能力的建设这个角度看，组织能力的内涵包括四部分，我称为"四个构件"：一是人才梯队，二是管理机制，三是组织体系，四是企业文化。

（一）人才梯队

这四个构件之间的内在逻辑，首先一定要有人，人是最关键的；能够激发人的工作动力的，是管理机制；激发动力后，组织体系决定了一个企业（平台）及员工的工作效率；而企业文化则是前三个构件所体现出的导向、理念和原则。

四者形成一个闭环。

需要注意的是，组织能力的第一构件是"人才梯队"而不是"人才"。因为单一的"人才"概念不能转化为组织能力，而"人才梯队"则具有组织能力。

比如，企业常依赖"能人"，可是一旦"能人"出了问题就会对组织产生很大的破坏作用，这就是没有实现组织化的弊端，形成人才梯队后，这个问题就能够避免。有人出了问题，下面还有七八条枪可以替补。因此我一直强调，没有人才梯队，企业的机制就会失灵，有了人才梯队，一个企业或是组织就可以实现自我新陈代谢。人才梯队是一个企业形成依靠人、但不依赖"能人"，能够自我新陈代谢的关键。

（二）管理机制

管理机制的本质是激发员工的动力。管理机制的核心是决策机制、目标管理机制、分权机制、分配机制这四个方面，有了人之后，如何激发动力、持续奋斗、打胜仗，这主要是由管理机制来驱动的。

（三）组织体系

这里首先需要对组织体系与组织结构进行区分，组织体系不是人们通常所讲的组织结构，而是组织结构当中的各业务与管理子系统，它包括结构、流程、操作规范、方法论、知识沉淀等，这样就形成了一个有组织的能力营盘。二者的关系可以用"铁打的营盘流水的兵"这句话来形容。IPD 体系、ISC 体系、干部管理体系、财务管理体系、资金管理体系是典型的组织体系。

另外，温氏打造的"公司 + 农户"的运营模式，是一套比较完善、值得借鉴的运营系统，值得一提的是，在运营体系的定价方法方面，该系统包含了 60 余种定价模型和 10 余种基本模型。这就是我一直强调的，企业或组织在发展过程中只有逐步建设、持续完善各类系统，形成套路，才会相对成熟和稳定，才能变得更加高效。

（四）企业文化

企业文化是被大多数人所误解的一个概念。很多人习惯把企业文化搞得神神秘秘，很多人认为阿里巴巴集团取花名就是企业文化，将其视为一种成功的"文化招数"。但实际上，这并不能决定企业的发展。因为企业文化的本质是企业的经营管理，包括企业如何经营客户、如何竞争，如何搭建人才梯队、组

> 绝大多数企业的成功都不是设计好的，管理往往是由发展带动的，这就形成了一个组织发展的滞后期。

织体系和管理体系等。

可以说，文化和行动是"一体两面"，企业文化是企业的业务和管理所体现出的导向、观念或原则。只有理解了这一点，才能够正确认识企业文化，才能够正确建设企业文化。

总结起来，人才梯队是组织的生命力；管理机制是组织的驱动力；组织体系是组织的"能力营盘"，是营盘力；企业文化是组织的"导向"，是向心力。

三、组织能力建设中最怕出现什么问题？三大"暗礁"须规避

建设组织能力的过程中，往往会经历一个必然阶段：当企业突破了商业逻

辑这道关口后，会面临快速拓展的机会窗口，伴随而来的一个核心问题是：战略发展与组织能力的缺口，体现为"缺人、缺管理"。其原因是，**绝大多数企业的成功都不是设计好的，管理往往是由发展带动的，这就形成了一个组织发展的滞后期。**

为什么我们经常说，小企业不能够做太复杂的管理？原因是当企业还是一条小船时，你却按照大船去做内部系统，一定玩儿完！但小船变成大船之后，如果仍然是小船的系统，那也会玩儿完！从**小船系统转型到大船系统，可以看成是整个组织系统的建设，而且还需要在高速运行中，将小船系统转型为大船系统，这个时候就存在系统性缺失和系统性混乱。**我们往往把这个时期叫作二次创业阶段，二次创业阶段的核心问题就是战略发展与组织能力的缺口，所以二次创业阶段的核心任务就是组织能力建设。

在这个阶段建设组织能力时，往往存在一些普遍性问题，我归纳出三个关键问题。这三个关键问题像大海中的暗礁，不识别出来、不加以防范就很容易撞翻船。

（一）导向问题

组织能力建设的第一个普遍性问题是"专业上的正确，导向上的错误"的现象。

"服务增长，激发奋斗，将军辈出，护卫底线"，是我们在组织能力建设（管理建设）的四大导向。但现实中，很多的管理措施和管理行动看起来很专业，实则没有效果。要解决这个问题，企业一方面需要强化管理建设，另一方面要回归常识，回归到导向上来判断这些"专业"是否用对。

正如我经常举的一个例子。我军当年在井冈山时期，就办了红军大学，红军大学的性质就类似于企业的培训工作。那个时期的培训主要有三项内容：一是培训如何打枪；二是培训如何筹粮筹款；三是培训如何做群众的宣传鼓动工作。这样的培训工作就是以"服务于打胜仗"为导向。

（二）本质问题

组织能力建设时经常出现的第二个问题是，没有真正把管理手段背后的本质理解透，这样就是会产生"专业性的正确，本质性的错误"。

例如，绩效管理中经常会出现两个

错位，第一个错位是员工绩效与公司绩效的错位，员工考核都很优秀，但是公司的绩效在下滑，甚至收入在下滑。或者尽管公司业绩在高速发展，但是想解决的关键问题很多都没有解决。

出现这种错位的原因不在于绩效管理的方法和工具选择上。也就是说，无论把 KPI 改成平衡计分卡，还是把平衡计分卡改成 OKR，本质上都是一样的。平衡计分卡的战略地图，就是一个公司级的 OKR。

导致员工绩效与公司绩效错位的本质原因是——"考核的不是你想要的"。如果考核的就是你想要的，比如说想要的是收入增长，那么员工绩效表现都很好，说明收入增长实现了；想要的是竞争力提升，员工考核很优秀，那么表明公司的竞争力实现了提升；想要的是解决一些关键问题，考核的是这些关键问题，员工表现优秀，说明这些关键问题都解决了。

要做到上述这些"考核的就是你想要的"，本质是要做好目标管理——我要打什么仗？要打胜仗，有哪些关键领域？这些关键领域存在哪些问题？这些关键问题怎么解决？那么，我们应该做

> 要把目标管理做好，核心和关键是要有打胜仗业务能力的将军。

什么，做到什么程度，谁来做？过程中如何督导、支持、解决问题等。只有搞明白了这些，公司要考核什么就有了正确的基础。很多企业把绩效管理交给人力资源部去做，而忽略了公司各层级对目标管理中这些问题的思考本身就是绩效管理的过程。

要把目标管理做好，核心和关键是要有打胜仗业务能力的将军。很多中小企业会发生这样的现象：老板上了MBA 之后回去按照理论进行"正确的瞎管理"。例如，企业做到一定程度后，老板要放权，因为不放权不能激发员工的动力、下属不能成长，董事长应该多去打高尔夫球。可实际上，有些企业老板放权之后，公司确实发展得很好；而有些企业老板在放权之后，公司则是一团糟。之所以会出现两种截然相反的效果，关键在于企业是否具有打胜仗业务能力的将军。如果一个企业缺乏能打胜仗的将军，而老板是为数不多能打胜仗的将军，那么在这种情况下，老板放权的结果就是公司连打什么仗、怎么打胜仗都想不明白，更何谈分解任务、承担责任？最后只会是一团糟。

真正理解"有打胜仗业务能力的将军"，目标管理才能做对。在缺乏这种人才时，一把手就要深入一线，帮助大家搞清楚打什么仗，怎么打赢仗。同时需要强调的是，一把手在组织大家打胜仗时，要有耐心，不要直接给答案，要不断"质询"，让大家产生思考、承担责任，只有这样目标管理才能做对，才能打胜仗。这也是在培养队伍。

现实中，人们往往把管理问题简单归结于没有找对管理工具或者管理模式，但这并不是真正的问题。要理解真正的问题，一方面要深刻理解实际情况，另一方面要理解这些管理方法论背后的本质。比如上文举到的例子——绩效考核的一个关键是要考核你想要的，就是要做好目标管理。做好目标管理，关键在于有打胜仗业务能力的将军。理解了

这些本质性规律，我们才能不被理论、模式、招式所绑架，真正解决问题，从而正确地进行组织能力建设。

（三）导向的系统一致性

符合导向就某一件事、某一个点来讲是容易的，但是让整个管理系统都能够符合我们所倡导的导向，难度就很大了。因此建设组织能力时，面临的一个最大难题，就是导向的系统一致性。

2002年，我和一个在华为工作的小兄弟一起吃饭，小兄弟是安徽人，很聪明又很勤快。他告诉我，他在华为没有前途了。我很奇怪，问他为什么，他只回答了一句话，"华为今年派我去非洲，我没去。在华为，你不去，尊重你，但是以后升职的机会、股权的机会跟你没关系了。"

从这个案例来看，激发奋斗似乎非常简单，所有的激励机制按照这个导向去做就行了。但是有多少企业能够做到？一个公司中，一把手被干掉之后副手不能提拔，下属不满意这个团队想要调离将会降级使用，这是鼓励大家要团结一致打胜仗。企业管理本身是相当复杂的，要在方方面面的管理建设中始终遵循、落实正确的导向，并非易事。

导向的系统一致性是组织能力建设的最大难题，这也是企业发展过程中的一个普遍现象。究其原因，在企业创立初期，导向全部归结到老板，老板身兼数职——既是最大的营销负责人、最大的产品经理，又是最大的供应链负责人、最大的人力资源负责人，导向就自然而然地统一了。但是当企业组织不断发展壮大后，各类系统开始变得复杂，营销系统、研发系统、供应链系统等，各有人管，各自的想法、语言很难一致，而此时老板也无法做出全面统一的了解和判断。

要解决这个难题，我一直认为，当年华为的做法值得学习——制定《华为基本法》。

关于《华为基本法》，很多人不一定理解了它真正的作用。事实上，《华为基本法》同时解决了三大问题。

第一是它实现了导向系统一致性的核心抓手这个问题。《华为基本法》是任正非先生对企业持续成功的系统原则的总结，明确表达出了企业在不同关键领域所要坚持的相对应的导向策略，从而形成了企业内部的共同目标、共同原则和共同语言。

第二是团队管理素质和能力建设核心工具这个问题。因为在《华为基本法》的制订过程中，也包含着华为不同团队一起参与和讨论的成果。

第三就是促进了组织能力建设的导向系统一致性。华为各个体系、团队皆按照《华为基本法》所明确的原则体系行动，不断依照这些指导原则去建设系统、处理业务和事件，企业自然而然实现了导向的系统一致性。

最后有必要提一下企业文化的表达问题。常见的企业文化表达方式有两类：一类表达方式为理念式，例如团队、创新、速度；另一类表达方式是华为基本法式，看上去就像一本教科书。《华为基本法》式的表达方式，其优势就是容易转化为行动，便于实现导向的系统一致性，的确是一个很好的工具。以用人原则举例，比如优先从优秀团队中选拔人才，这样一来团队理念就落地了，大家必须团结一致把业绩做好，才能够获得更多被选拔和晋升的机会；优先选拔培养人的人，团队理念就落地了，就是必须培养梯队，否则就会失去被选拔和晋升的机会；优先选拔具有自我批判精神的人，团队理念也落地了，这样就可以避免公司中"你指责我、我指责你"这样的协同难问题。

大家谈

组织能力建设最见功力的是顶层设计

■ 作者 | 葛晶 华夏基石集团高级合伙人

> 完成了第一阶段的创业后，企业随之面临的问题是，组织能力建设与业务增长之间的巨大缺口。

中国企业抓住了第一波城市化机遇，勤奋创业，取得了基于业务的成功，从而把事业做大。完成了第一阶段的创业后，企业随之面临的问题是，组织能力建设与业务增长之间的巨大缺口。面对这一缺口，多数企业难以摆脱路径依赖的惯性，寄希望于依靠和重走第一波创业时的经验、旧路，来迅速解决缺口问题。事实证明，这显然是行不通的。

关于组织能力建设，目前在实践层面上，尤其是企业方面，存在着误区。产生误区的本质原因是企业的心态过于着急。

一、组织系统性建设需要克服急躁心态

企业前期的成功路径是，在城市化的进程中抓住了机会，发展业务，壮大事业。彼时的成功偏重于机会导向，而系统性较弱。现阶段的成功路径，则更多依靠系统建设，企业的思维方式也要从机会导向往系统建设导向上转变。

具体来讲，现在这个阶段，企业的持续成功需要一套完整的系统匹配，建设一套系统往往是个漫长的过程，很多企业因此"耐不住寂寞"，总是很着急地寄希望于有一套神秘的方法，能够让自己快速实现组织能力的提升，能够赢

得下一波的成功。

企业的二次创业阶段，是企业实现突破性增长的阶段，也是企业生命中的转折阶段。企业经过这个阶段实现持续成功，需要不同于单点状建设的系统性建设，这是急不得的。企业家对此应当有清晰地认识，并且及时调整心态。

以华为举例，华为的体系建设和文化的贯彻落实经历了大概二、三十年的时间。放眼当今企业，普遍缺乏的是进行组织能力建设时所必需的系统性思考与定力。这个事情不能着急，必须要一步一步来。

二、组织系统建设要先做好顶层设计

定力固然重要，思路也需清晰，企业在建设机制时需要先想清楚总体原则，做好顶层设计。通俗地讲，就是企业要把整个机制、体系做成什么样子，对人才队伍有什么样的要求等问题全部想清楚了，再着手构建人才梯队、机制体系，这样才构成系统性。比如，组织能力建设中，人才梯队是关键要素，人才梯队建设中，专业技术是关键要素。

而在现实情况中，很多企业会很着急地、简单地把组织能力建设等同于组织结构建设。可是如果不完成系统思考而仅仅依赖组织结构的变革，会对企业长远发展形成阻碍。

以组织结构设计为例，当一个企业从单一业务状态变成多元化业务状态时，必然会面临组织的进一步分化。在组织分化的过程当中，企业不可避免地需要考虑集权、分权的问题，要考虑两级组织结构设计的问题。而最终决定一家公司应该分权或是集权，则需要有一系列基本要素约定。本质上看，通过中央集权的手段保证或是控制每一个业务单元的发展方式，几乎不可能使得一个组织、一家公司发展壮大。因此从长远来看，企业或组织的裂变，必然需要一个有序的分权状态，能够让每一个业务单元承担经营责任，具有主体意识，激发活力。

需要注意的是，上述原则的使用也有约束性条件，例如团队的成熟度和组织本身体系的成熟度。在管理体系不成熟、不健全的情况下，抑或是公司核心团队经营管理能力不强、不具备企业家水准的时候，就无法分权。当管理体系和团队两者的成熟度都较高的时候，就具备了分权的条件，反之，当两者成熟度相对较低的时候，则应更加倾向于相对于集权。

　　分权或是集权，其背后都指向同一个目标——保证该阶段业务运营有序，能够打胜仗，这是底层的本质和原则。对于企业或组织而言，每一个阶段的导向可能都会有所不同，例如在眼前这个阶段，企业采用相对集权的方式的同时，也去匹配机制、匹配体系，待发展到体制机制、人才梯队、核心团队水准等制约性因素均成熟后，企业或组织进一步做大时，就具备了分权的条件。

　　管理本身并非一成不变的定式，它会随着要素的变化而对整个系统做出调整。其中的规律是，首先通过顶层设计确定一个基本导向和法则，在每一个不同的阶段依据要素的变化状况，找到要素变化的本质；在本质不变的情况下找到这个阶段的指导性原则，随着不同阶段的变化，指导性原则也会随现实变化发生某些调整。但无论阶段如何调整变化，导向都应该是一致的，它始终在一个系统里不断向前演进、迭代。🆔

组织能力建设需强化业务视角

■ 作者 | 胡向华　华夏基石集团高级合伙人

> 从业务视角出发，思考组织能力的起点就不是个人，而是要完成业务。

　　从时间跨度或是企业规模的跨度来看，不同发展阶段，组织能力的命题差别很大。这其中存在一个关键问题，不同角度、不同角色对组织能力的理解差别很大，那么该如何定位组织能力，就显得非常重要。我理解的维度是，从管理对象的角度出发，将其从小到大做界定。

　　众所周知，个人构成了社会最基础的

组织，因此可以从个人的角度来看组织能力，组织能力建设的"杨三角"，谈的就是这个问题。从下至上分五个层面看。

第一个层面是个人，分为员工思维、员工能力、员工治理，包括传统的 HR 职能、人才梯队、机制建设。

第二个层面是团队，尤其是末端团队，如何激活末端团队是组织团队中一个非常重要的概念。亚马逊的"两个比萨原则"，就是将其他组织层面的事情放到次要位置，而首要关注末端团队的能力建设。

第三个层面是部门，这个层面通常表现的是组织结构问题。

第四个层面是跨部门流程，或者说是跨部门的项目管理概念，这也是华为的强项。

第五个层面是战略和企业文化。

需要强调的是，这五个层面的管理对象有所不同，现实中被谈及较多的是第一层面，个人的视角。我一直认为，在谈组织能力时，业务的视角是需要强化的，组织结构决定了产品和服务。组织结构中某一部分较强，很大可能相对应的产品和服务就强，反之亦然。

这可以说是一串连锁反应：一旦组织内的协作出现问题，产品的内部流程就会出现问题，服务响应速度随之也会出现问题。这是一个很重要的概念。

同时，业务视角也是检验一个企业或组织的组织能力在经营上是否有效的必须视角。从业务视角出发，思考组织能力的起点就不是个人，而是要完成业务。或者说从客户出发、从组织使命出发，思考组织能力的起点就是责任。组织能力建设是个非常宏大的命题，我们在谈论这个问题时，或是帮助企业解决这个问题时，首先要形成一个框架，把问题聚焦在上述五个层面的某一个层面来谈论，会更容易。就像命题里面讲成长的话，那么更多地要关注变革问题。 🔡

小资料

"两个比萨原则"是由亚马逊 CEO 贝索斯提出的，他把比萨的数量当作衡量项目团队大小的标准。他认为如果两个比萨不足以喂饱一个项目团队，那么这个团队可能就显得太大了。而人数过多的团队成员之间无法深入沟通，结果导致扯皮推诿，最终让项目陷入停顿状态或彻底失败。小团队更有利于达成共识，提高决策速度。

人是组织能力的基础

■ 作者｜李志华　华夏基石集团高级合伙人、华夏基石集团副总裁

> 人与组织的共生关系构成了组织的活力，正是基于这种活力，组织的效率得以提升、成果得以扩大化。

一、人是组织能力的基础

企业成功的过程中必然伴随着组织能力的建设和提升，可以说企业的成功与组织能力之间是一种连带关系。从组织能力的角度看，企业要提高投入产出比，令生产更加高效，如何实现这一目标？企业需要清楚的是，在要素投入过程中，产出的主要是产品和服务，而产出产品和服务的过程中存在着一个核心问题，就是解决效率和效果的问题。这个问题本质上则是组织与人的关系。

人是组织能力的基础。组织能力绝对不是基于一种组织架构，人与组织的共生关系构成了组织的活力，正是基于这种活力，组织的效率得以提升、成果得以扩大化。在同样投入的情况下，产出的产品和服务却是不一样的，这就引出了组织能力体系建设的问题。

多年以前，在投入要素的过程中，只要投入就会产生结果，马上就有市场。但是随着市场上产品和服务竞争越发激烈，倒逼很多企业提出组织能力建设的要求。这也是组织能力越来越重要的原因。在这个过程中，很多人对组织能力建设的理解又存在偏差，因此产生了各种各样的理论。

二、组织能力的三大特点

实现人与组织之间的共鸣、共生、共创共享，是组织能力的三大特点。

人与组织之间存在价值的共鸣，这是组织能力的第一特点。组织要有价值

追求，在今天的外部环境中，这已经是被多次强调的问题。包括企业文化、经营哲学、组织导向等概念，其核心和本质都是在强调文化能够提升思想认知，从而提高生产力。当企业员工对其所在企业或组织的价值观、理念不再认同时，他就会离职，这在今天已经非常常见。企业员工的工作理念正纷纷从"为了活下去"向"为了快乐下去"转变，而在影响员工去留的因素中，能否与组织追求形成价值共鸣是重要的一点。

人与组织共生，是组织能力的第二特点。它是指组织与人是互相促进的。打个比方，联想集团董事长杨元庆的知名度和影响力，来自联想这个平台，没有联想，杨元庆或许不会有今天的知名度和影响力；反过来，没有杨元庆，联想集团或许也无法达到今天的发展高度。因此，组织与个人形成了一种共生关系。

人与组织之间实现共创共享，是组织能力的第三特点，也是人与组织之间的最终问题。所有的企业或组织发展到一定阶段后都要制订激励机制，以实现人与组织之间的相互激励，即所谓的共创共享。没有激励机制，企业或组织就

> 从人与组织这两个层面去思考，对于组织能力的理解就变得可视化、可度量了。

会发生变迁。事业合伙人机制、阿米巴机制，是解决人与组织之间共创共享问题的典型。

人与组织之间的共创共享问题，其核心要素有三点，即人与组织的协同、组织的能力、产品的市场竞争力。这三者的逻辑关系是，人与组织的协同问题核心是解决组织能力的问题，解决组织能力的问题核心是解决产品市场竞争力的问题。

三、组织应当追求的三重目标

进一步看，如果从人与组织这两个层面去思考，对于组织能力的理解就变得可视化、可度量了。在人与组织的关系中，"人"的内涵可以从三个角度阐释。

一是人的价值追求。也就是通俗意义上所说的"三观""和什么样的人在一起工作会感到快乐"。企业在制订选人、用人的机制时，"三观"的评价越来越被看重。

二是人的能力。这体现在学历背景、工作背景、解决问题的能力、处理事情的能力等各个方面。

三是机制。这体现在当人的价值观和能力与企业相匹配时，机制是否能够激活其内生驱动力。

在人与组织的关系中，组织所要追求的内容包含三方面。

一是效率。无论企业采用的是大组织、小组织，还是自组织，如果最终企业的效率低下，那么就一定有问题。比如有些企业发展规模还不大，就开始搞事业部改造；有些企业还不成熟，就开始搞"呼唤炮火的声音"。这绝对是有问题的。思考如何改变现状、提升效率，是一个很重要的问题，一个企业应该采取怎样的组织形式，要看具体的组织形式是否适合企业的环境和发展阶段。

二是效益。每个组织都要成为一个企业价值的创造者，组织中的每一个单元都应该产生价值。这个价值可以是货币价值，也可以是加速整个货币价值形成的隐形价值。这也是很多企业提出"平台赋能"的原因，平台赋能未必能够产生实在的货币价值，但是能够推动实在价值的最大化。

三是效果。现实中常发生这样的问题，虽然组织的效率很高、组织的效益很好，但是组织偏离了公司的战略，公司就出现了问题。我常说，组织的效果一定支撑着公司战略。考察一家公司的组织是否有效果，可以从**两个层面着眼，一是是否具有支撑公司战略的组织表达体系，二是是否具有能够激活人性的组织活力**。当这两者兼具时，就可以判断这个组织是适合公司的，在企业中有效果的。反之，如果不符合这两者，就说明这样的组织存在问题，在企业中没有效果。

▶ 方法论

组织能力模型落地的三个要点
——机制、流程、价值观

■ 作者｜苗兆光

组织能力，从本质上讲，是战略的核心竞争力。组织能力就是达到某项战略所必须具备的能力。克里斯坦森、钱德勒等管理大师通常会把战略和组织放在一起研究。背后的逻辑是：战略是抽象的，组织是具象的，企业所制订的战略必然要通过组织能力来实现。

一、组织能力的三个核心内涵

组织能力建设的过程中，需要强调两个问题——满足战略要求的能力如何建立到组织上？组织如何拥有能够满足战略要求的能力。

包括"杨三角"在内的很多组织模型，都在被反复提及，但是我研究之后发现这些模型也有"不靠谱"之处——

模型往往并不指向战略的要求，缺乏与战略的连接关系，也就是说不具备打胜仗的能力。

我认为在目前的所有模型中，最好的是克里斯坦森提出的"三角模型"（RBV），我认为它是解读组织能力最好的理论基础。

克里斯坦森在其"三角模型"中解释，能力包含三个部分的内容。

第一部分是资源。无论做什么事，没有资源寸步难行，就像研究手机需要懂技术的人，实现线上沟通需要腾讯会议这类系统，这就是资源。对于企业老板来说，资金是最重要的资源，没有钱，什么都建不起来。于是他们通过让公司上市来获得资金，从而换取其他能力。

麻烦的是，在用资金换取能力的过程中，能力的建设需要一个漫长的过程。因此企业老板们在制订一个能力目标前，首先需要了解获得这个能力必要的资源，避免由于时间问题而无法获得资源的情况发生。

第二部分是流程。流程是资源转化为产品和服务之间的过程。就像钱、原材料、供应商、土地这些资源是通过何种方式变成房子的？这个过程有的有效，有的无效，如何让它更有效？这叫流程，也就是转换过程。

第三部分是价值观。能力本身具有内生的价值观，在竞争市场上，小米手机要做普遍用户这个市场，那就必须具备低成本的能力，低成本的能力就要求公司内部贯彻低成本的价值观——设计不能冗余，原材料的价格不能高昂等。这就是价值观。

随着小米的这个价值观融入组织，当企业想做高端产品的时候，这个价值观便不能支持。反之亦然。与普遍可接受的市场相反，如奔驰就做不出丰田那样的车，因为在奔驰所有组织里所贯彻的价值观都是豪华、奢侈，各个部分要有余量、都要宽敞。

二、模型对接现实的三个要点

上述这三点就是建设组织能力的核心。克里斯坦森谈到这里就没有再谈了，因此这个模型显得很抽象，在中国也不被使用。

我试图从资源、流程、价值观这三方面对这个模式再进一步解释，以便该模型能够对接现实。

（一）资源：四个机制做好"人"这个重要资源

我对组织能力的理解，从战略开始，进而分析需要什么样的组织能力，再评估资源。人是最重要的资源，要想把"人"这个资源做好，须做好四个机制。做好这四个机制，组织能力才会变强。

一是评价机制，即如何评价资源是否达到了要求。例如你需要一个高级工程师，必须要经过对候选者——这些资源——的筛选、评价，才能确定其是否能够达到你的要求。这一过程需要有一套机制。

二是补偿机制，当别人把所掌握的资源给你时，你需要对其进行补偿。比如，当工程师为你进行技术研发时，你要付出代价，或是当经销商把客户资源给你时，你要付出代价，这就是补偿机制，也就是所谓的利益机制。

三是激励机制，资源被激励后会变

得活跃，没有激励，资源就不会活跃。对于企业或组织而言，资源能否被激活至关重要，这就是激励机制的作用。

四是发展机制，资源需要不断强大、丰富。比如，数据是你的资源，那么你必须让数据越来越丰富，抑或人是你的资源，那么你必须让人的能力不断提升，夏惊鸣老师所讲的"人才不是资源，人才梯队才是资源"，这就是一种发展。资源必须要通过发展机制变得更强、更丰富。

（二）流程：让流程变强需要做到四点

一是协同规则，即我们通常说的IPD、ISC，把人组织协同起来、合理分工。

二是知识显性化，复杂的知识可以通过流程变得简单、固化。比如，详细记录一个"最牛秘书"的工作方式——每天、每月、每年上班做几件事，做每件事的步骤等，然后用这个标准和流程规范去训练其他人。流程本身是一种知识的显性，能够把隐藏在各人身上的特质外化出来，就是流程的知识显性化。

三是改善，随着知识不断丰富，认识不断提高，流程必须要一步步迭代，变得更优化、水平更高。华为的流程体系历经了几十年才建成，企业的流程需

要慢慢迭代才会变成很强，盲目模仿使用达不到效果。而在这个过程中，必须要改善业务形态，如果不改善业务形态，流程转换的效率就不够。

四是治理，组织治理是指，在组织目标确定、组织流程通畅的情况下，确保分解到组织中各个环节的资源之间，在企业目标、策略上协同一致、前后端达成共识。组织治理包括顶层治理、控制体系治理等。

（三）价值观：价值观有四个原则

一是利益的平衡。所谓的价值观就是平衡各方利益。譬如，顾客的利益、员工的利益、股东的利益等，这些利益放到组织上如何平衡、优先顺序是什么？这就形成了公司的价值观。

二是共识原则。公司的价值观确定后，还需要在员工中形成共识。只有共识的过程才是有意义的过程，可以说，达成共识的才是价值观，不共识的那是想象。

三是决策原则。在具备了价值观和共识后，真正重要的就是将其转化为决策原则，以便在做决策时去使用它。

四是转化为行为准则。员工的行为准则就是这样来的。

人才梯队：组织能力的"腰"

■ 作者 | 夏惊鸣

> 企业不只是要有人才，更要有人才梯队。没有人才梯队，企业的机制就会失灵。人才梯队是一个企业形成依靠人、但不依赖人，能够自我新陈代谢的关键。

人才梯队是组织的生命力；管理机制是组织的驱动力；组织体系是组织的"能力营盘"，是营盘力；企业文化是组织的"导向"，是向心力。

一、人才梯队：组织能力的核心构成，组织的"腰"

单一的"人才"概念不能转化为组织能力，只有"人才梯队"才具有组织能力。

（一）人才梯队是组织能力的第一"构件"

从组织能力建设角度看，组织能力主要由四部分构成，我称为"四个构件"：一是人才梯队，二是管理机制，三是组织体系，四是企业文化。

这四个构件之间是有内在逻辑的。一定要有人，人是最关键的；能够激发人的工作动力的，是管理机制；激发动力后，组织体系决定了一个企业（平台）及员工的工作效率；而企业文化则是前三个构件所体现出的导向、理念和原则。四者形成一个闭环。

但是，组织能力的第一构件一定是"人才梯队"，而不是"人才"。单一的"人才"概念不能转化为组织能力，只有"人才梯队"才具有组织能力。

企业固然需要依靠"能人""牛人"，甚至是"大人物"，可是如果形成了依赖，就有很大的风险——一旦某个"能人""牛人"或"大人物"出了问题，就会对组织产生很大的破坏作用。

企业过于依赖"能人""牛人"，是企业没有实现组织化的弊端。如果企业形成人才梯队，这个问题就能够避免：一个人出了问题，他后面还有"七八支枪"可以替补！因此我一直强调，没有人才梯队，企业的机制就会失灵；有了人才梯队，一个企业或是组织就可以实现自我新陈代谢。人才梯队是一个企业形成依靠人，但不依赖人，能够自我新陈代谢的关键。

（二）人才梯队是管理的"腰"、业务发展的"剑"

人才梯队就如一个人的腰，没有人才梯队，经常会让企业的管理当局"腰杆子"硬不起来。

比如说，当你感觉到一个人不合适的时候，想处理，但没有更合适的人替补，为了不影响业务，就采取纵容和容忍的态度。凌驾于组织之上的氛围与诸侯就是这么产生的。

没有梯队，只有人才的企业，容易形成博弈、相互讨价还价等不利于管理的局面；一些"能人""牛人"为了维护自身的既得利益，不愿培养队伍，担

心带好了徒弟饿死了师傅。长此以往，人心涣散的氛围就会在企业里蔓延，人才脱颖而出的通道堵塞。

缺乏人才梯队，当业务快速发展的时候，你会感觉到无人可用，"人到用时方恨少"。在企业的成长过程中，根据业务扩张的计划，人才梯队的培育相当重要。

人才梯队建设一方面需要大量的"空降部队"，进行组织能力的突击性、战略性、结构性调整与提升；另一方面必须根据业务增长情况，配合应届生的招聘，通过一年又一年的招聘、培养和选拔，自然而然就形成了内生的、可以新陈代谢的人才梯队，支撑公司的战略和稳健的发展。

二、培育人才梯队的三个核心原则

（一）必须匹配业务发展

人才梯队建设，必须有一个前提，那就是公司有明确的事业增长空间，如果没有业务的扩张与增长，要那么多人干什么？

要紧扣业务发展战略培育和建设人才梯队，否则这项工作就失去了基础，非但变得毫无意义，还会带来人

> 只有在竞争中胜出、在战斗中成长起来的人才才能进入到企业的核心人才梯队中去。

员冗余,那么,这项工程就不是投资,而是花费了。

(二)"牛犊式培养"为主,空降为辅

企业在转型期,"空降部队"是一个战略性的举措,但从应届生就开始的"牛犊式培养"对于企业未来具有极端的重要性。

如果仅仅依赖"空降兵"解决企业增长的人才问题,那么这个组织就始终无法稳定。原因在于:"空降部队"不是"赛"出来的,必然引起互不服气,从而导致这种等级的稳定性很差,流动率也会很高。

而应届生形成的人才梯队等级是依靠每年的业绩"赛"出来的,不是"相"出来的,那么这个等级就是稳定的。

此外,"牛犊式培养"还有一个优势是,拥有人生第一份工作的应届生,相较于跳槽的"空降部队"而言,对企业就如初恋般,会有更多的梦想,会更容易产生事业认同感、忠诚感和荣誉感。

(三)渐进式生长、选择性培养

人到用时才恨晚。如果一个企业想把一个8岁的组织一下子拉伸成20岁的组织会怎么样?扭曲和痛苦!因此,**人才梯队的建设,是一个与业务扩张同步的、渐进式生长的过程,也只有如此,才能形成梯队。**比如苏宁的"1200工程"是通过十多年的时间,在润物细无声中形成的人才梯队。

另外,人才梯队的形成不仅仅是一个培养工程,也是一个较长期的磨合、历练和考察的过程。培养的过程事实上是一个优胜劣汰的选择过程。只有在竞争中胜出、在战斗中成长起来的人才能进入到企业的核心人才梯队中去。

三、人才梯队建设的三大要素:等级、评价、竞争

人才梯队的关键在于评价,而不在于有多少等级。评价区分开了,梯队就自然形成了!

刚才说了企业的人才梯队是管理的

"腰"，是组织动力机制的主要实施对象。没有梯队，企业的考核机制、用人机制等就会失灵。当然，有梯队，没有动力机制，人才梯队也不可能发挥出作用来。

动力机制包括"等级——评估——竞争（分配）"，本质上就是价值分配机制。人才梯队只有与组织动力机制有机结合起来，才能成为企业价值创造的源动力。

因此，我把"人才梯队——价值评价——竞争流动"也叫作组织持续奋斗机制，即便企业某个人不再奋斗了，但组织仍可以持续奋斗。当然，我们培育梯队，根本目的不是换人，而是发展。

（一）等级：有层次、有落差才叫梯队

等级是价值分配机制的价值区分。它包括职位等级、薪酬等级、人才梯队。为什么要有等级体系呢？因为我们首先需要有一个区分不同价值高度的"梯子"，不然，我们就不能区分不同的价值，就无法激发动力。就像一个湖面，水面一直都是平的，水不能流动，也就没有动能。如果我们掘开一个口子，有了落差，水就流动起来，自然就有动能了。

等级是梯队建设的一个核心要素，一定要有落差。但是在实践中，很多企业存在一个误区，认为多设置一些副职或者助理岗位，就形成了人才梯队，就有了后备力量；或者是设置很多个级别，认为这样就形成了职业通道。

其实，梯队建设的关键不在于此，而是另外两个要素。

一是增长。梯队是在增长的过程中形成的，增长带动梯队培养。

二是评价。梯队的关键在于评价，而不在于有多少等级。绩效优秀的及时承认、及时激励，优先给予机会；绩效差劲的，及时处理，这自然就是梯队了。极端地说，一个企业哪怕只有两个等级，也可以形成上升通道，"优者上、庸者下"，并不绝对需要有很多的级别来体现差别。

很多企业的员工没有激情，感觉没有前途，我们通常会认为这是因为企业缺乏职业发展通道，其实企业的增长问题只是一方面的原因。另一方面的原因是企业里没有形成明确的优者上、庸者下的机制，让员工感觉即使做得好，也可能没有前途。这叫有

> 员工业绩结果很卓越，组织业绩却进步不大。这个问题的关键在于：企业考核的不是企业所需要的。

通道但不通。其实评价区分开了，梯队就自然形成了！

（二）评价：突破两大评价难题

那么，如何区分呢？就要靠评价了。

我们在做评价的时候，经常会遇到两个"世界级难题"。

评价难题一：员工业绩结果很卓越，组织业绩却进步不大。这个问题的关键在于：企业考核的不是企业所需要的。

解决之道：要做到评价是想要的，核心是要做目标管理，企业的经理人从上至下，要进行目标分解。评价不是坐在办公室里设计指标，而是经理们好好讨论企业目标实现的路径是什么。这些路径中，现实是什么？存在哪些问题和差距，应该做什么？所有的直线经理去

做目标管理，要切切实实地去做，这才是评价的关键所在。这一点没有做好，必然出现考核的不是所需要的。

评价难题二：如何衡量贡献？有人抱怨"做多错多"，有人抱怨评价不公平。

解决之道：首先，要确立一个观念，我们不要追求评价的数量精确，而要追求评价的导向明确。

其次，衡量贡献的关键在于"改进"，只有改进才是真正的贡献，只有衡量改进，我们才能知道，评价分数高，是在推动进步！

最后，改进的关键在于"对标"。比如，你比过去的进步、你比竞争对手的进步。假设我们的企业要做成行业内的中国第一，那么就要对标目前行业内的中国第一。那么，我们的考核目标怎么定？一定是要超越对标竞争对手，考核目标实现了，就是"天下第一"了。"天下第一"是考核出来的，不是自封的。

案例1：考核如何做到导向明确

2012年，我辅导过一个成长型中小企业。这个企业招募了一批人才，由于企业较小，加上老板不太善于沟通，经理们总是有与老板讨价还价的习惯。老

板提出要解决一件事情，下面的负责人会给他提出很多不能做的理由，然后这些事情就不了了之了。老板问我怎么解决这个问题，我告诉他，只要做到这样两条，这个问题就解决了。

一是明确股权激励。

二是进行考核。考核也很简单，除了业绩和关键任务指标外，再加四个行为指标（权重为40%）。四个行为指标如下：

- ▶ 交代的任务马上行动；
- ▶ 能够不断发现问题；
- ▶ 能够提出问题的解决方案；
- ▶ 能够推动去解决问题。

2012年年底，这位老板告诉我，现在下面的经理们明显变得行动迅速，能够不断地提出问题，提出解决方案，并能够主动去解决问题。

如果真把上述四个行为做到位，一定会产生业绩，这就是导向明确。

对于评价，我曾总结：没有评价，企业的管理机制会"死机"。薪酬的问题往往是评价的问题；任用的问题往往是评价的问题；梯队的问题往往是评价的问题。

需要强调的是，企业评价真正要发挥作用，至少要提前两年做，评价体系不仅仅为了发奖金，更是为了培养管理能力、选拔人才。企业建设管理体系，评价机制要尽可能早做。

（三）竞争：优者上、庸者下

竞争。简单直白地说，就是"优者上、庸者下"。现实中，很多企业由于担心起冲突、影响和谐，因而对"优者上、庸者下"执行不坚决，或者流于形式。殊不知，竞争这个环节不严格执行的话，等级、评价都变成假的了。所以，**企业建设人才梯队、实施动力机制一定要敢于落实"优者上、庸者下"的策略。**

案例2：

大约在2012年，我为一个企业制定文化纲领，纲领中确立了用人原则、分配原则等。但要落地时，老板不忍心了，或者不愿面对这种冲突。后来他给我打电话，问我怎么办。我说："文化纲领起作用，就是'用'，如果要让企业的文化纲领成为一张废纸，那么可以不必处理，但是如果你真的想把企业做得更好，真的想让文化纲领发挥作用，那就要按照文化纲领中明确的原则去处理问题。"

然后，这位企业家跟我说，明白了。他马上就把两个早应撤职的人撤了。结果是什么呢？处理没有引起任何不良反应，因为这些原则是共同讨论后的共识，是企业共同的承诺，另外，员工不但没有异议，反而是看到了希望——原来是看不到希望，做得再好，这些位子总是被元老占着，但现在看起来不是了，在这个企业只有做得好才能有前途，做得不好是没有前途的。

没有竞争流动机制，一个组织会淤积。因此，对于竞争策略，企业一定要以认真、坚持、必达目标的态度来坚决执行，这也是企业管理真正发挥力量的关键所在。

◆ ▶ **资料链接**

组织能力"杨三角"

组织能力"杨三角"提出者为杨国安。杨国安现任中欧国际工商学院飞利浦人力资源管理教席教授、副教务长、CEO学习联盟创办人，以及人力资源与组织管理研究中心主任。此前，他曾任宏碁集团的首席人力资源官，负责推动宏碁集团的组织变革和领导力发展工作。杨教授在《组织能力的杨三角——企业持续成功的秘诀》（第二版，机械工业出版社）中对组织能力和如何建设组织能力提出了自己的见解。其核心观点如下。

一、组织能力

（一）概念定义

组织能力（Organizational Capability）指的不是个人能力，而是一个团队或组织（不管是10人、100人或是100万人）所发挥的整体战斗力，是一个团队或组织竞争力的DNA，是一个团队在某些方面能够明显超越竞争对手、为客户创造价值的能力。真正的组织能力具备以下特点。

（二）组织能力的特点

独特性、深植于组织内部、不依赖于个人、可持续性。

每个行业都有为数众多的公司参与竞争，它们各自的战略和组织能力都不尽相同。例如，电脑行业的戴尔采用的商业模式是直销模式，它所需的组织能力是速度和订制；而联想采用的商业模式是分销模式，它所需的组织能力则是效率和低成本。丽嘉酒店面对的是高端尊贵的客户，它的组织能力是卓越服务，无论入住全球哪一家丽嘉酒店，你都能享受到同样卓越的个性化服务，这和锦江之星、如家这类以低成本、便利为竞争优势的经济型连锁酒店完全不同。

中国有很多能人企业，个别企业领

导（尤其是企业总裁）能力超强，企业在他们的英明领导下快速成长，但是由于整个企业的成功依赖于少数能人，通常在能人离开或者出了问题之后，整个企业就会走下坡路甚至瘫痪，这类企业强大是因为个人能力，而不是组织能力。组织能力靠的不是个人，它深植于组织内部，是整个团队的战斗力，并且是可持续的，它可以帮助企业实现基业长青。

（三）组织能力必须能够为客户创造价值并得到客户认可

美国西南航空公司的目标客户是短途、高频率飞行的顾客，它为客户提供的价值是"低成本、速度和快乐"。生产汽车的企业很多，但提起丰田，大家都知道它的产品质量有保证。中国是家电生产大国，但是海尔却以服务脱颖而出。假如企业具备的能力很独特，但不是客户所需要的，这些能力不能算是真正制胜的优秀组织能力。

（四）企业的组织能力必须超越竞争对手

格力能成为中国空调行业唯一的"世界名牌"，凭借的是技术和质量。正是因为领先的技术和高品质产品，格力自 2005 年第一次问鼎"空调世界冠军"以来，已连续 9 年位居市场占有率世界第一。在微波炉领域，格兰仕以低成本制胜。它持续几年的降价把行业的利润点拉到很低，提高了行业的进入门槛，使很多潜在竞争对手望而却步。在中国市场，迈瑞在产品质量和跨国公司相当的情况下以低成本、订制和服务超越竞争对手，最终在国内市场取得了领先地位。

（五）优秀的公司往往在两三个方面展示出众所周知的组织能力

打造组织能力时必须配合战略，需要专注于两三项。如果什么都做，反而无法集中资源建立优势，容易变成"四不像"，样样都不专不精。组织能力也不是集中在几个人身上或几个部门内部，它必须是全员行动，是整个组织所具备的能力。评判公司组织能力比较客观的裁判是客户，而不是管理团队自身。

二、组织能力的三角框架

打造组织能力，确保战略的实施，应该是由外而内地思考：首先，公司必须先分析自身所处的经营环境，制订正确的战略方向。然后，公司依据选定的战略方向，明确两三次与战略最直接相关的组织能力,如创新、低成本,服务等。

打造支持战略实施的组织能力有三个支柱的支撑。

组织能力的三角框架

(一)员工能力

支撑组织能力的第一个支柱是员工能力,即公司全体员工(包括中高层管理团队)必须具备能够实施企业战略、打造所需组织能力的知识、技能和素质。也就是说公司员工会不会、能不能做出与组织能力(如创新、低成本、服务等)匹配的决策和行为。

如何培养员工能力?企业需要回答以下几个具体问题。

▶ 要打造所需的组织能力,公司具体需要怎样的人才?他们必须具备什么能力和特质?

▶ 公司目前是否有这样的人才储备?主要差距在哪里?

▶ 如何引进、培养、保留、借用合适的人才和淘汰不合适的人才?

(二)员工思维模式

员工会做不等于愿意做,因此打造组织能力的第二个支柱是打造员工的思维模式,让大家每天在工作中所关心、追求和重视的事情与公司所需的组织能力匹配。公司要考虑的具体问题包括如下。

▶ 什么是主管/员工需具备的思维模式和价值观?

▶ 如何建立和落实这些思维模式和价值观?

(三)员工治理方式

员工具备了所需的能力和思维模式之后,公司还必须提供有效的管理支持和资源才能容许这些人才充分施展所长,执行公司战略。在员工治理方面,公司要考虑的具体问题包括如下。

▶ 如何设计支持公司战略的组织架构?

▶ 如何平衡集权与分权以充分整合

资源、把握商机？

▶ 公司的关键业务流程是否标准化和简洁化？

▶ 如何建立支持公司战略的信息系统和沟通交流渠道？

员工能力、员工思维模式和员工治理方式这三个支柱缺一不可，而且组织能力要坚实。三个支柱的打造必须符合两个原则：平衡（Balance），就是三个支柱都要一样强，而不单是其中一两个强；匹配（Alignment），就是三个支柱的重点都必须与所需组织能力协调一致。

公司必须要从所在行业的经营环境出发，制订正确的战略，选择合适的组织能力，并根据组织能力的要求来设计相应的管理工具，建立和强化组织能力三个支柱。🔲

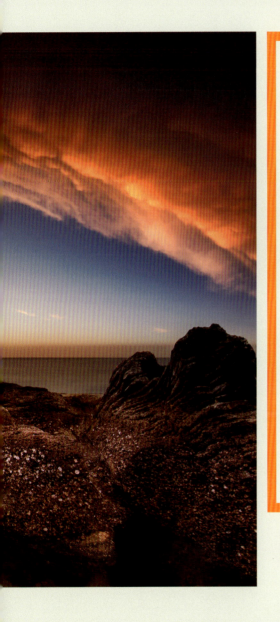

管理洞见

CHINA STONE ▶▶

企业管理实践的基本命题是系统失效。系统失效往往是眼睛看不见的，也没法追究哪个人的责任。每个人似乎都有无力感，无能为力。

——包政

企业无论大小都要建设系统

■ 作者 | 包政　包子堂创始人、中国著名管理学者

> 真正的管理实践只有一个显著的标志，就是发育管理系统，通过架构业务流程来发育管理系统。

一、企业无论大小都要建设系统

当今中国，企业老板并不缺乏战略头脑，相反，他们的短板或企业普遍存在的问题是系统失效，不是个体失效。系统失效是眼睛看不见的，企业中的当事人对此普遍无感，群体无意识。尽管每个人都非常努力，从睁开眼睛忙到天黑，然而最终的结果往往令人失望，有一种大厦倾倒、独木难撑的无力感。

华为是注重系统建设的，很早的时候就开始着手建立以流程为核心的集成产品开发（IPD）系统。之后，企业的效率开始成倍增长，专业化分工越来越细，分工之后的一体化程度越来越强。另外，有了流程，就有了流程权威或推

动力量，就可以不依赖老板去激励和约束每一个工作者。

系统一旦建立，战略层就可以与执行层分离，企业的领导层就可以专注于对企业的前途和命运问题的思考。而整个执行过程，无须太多的会议协调，无须太多的领导鼓励和鞭策，很多事情都在流程中自然解决了。

如果遇到常规问题，打开经验数据库看一看就明白了。如果不会做，就求助于人才库，会有专业人士前来帮助，不需要领导出面，企业的瓶颈问题也解决了。瓶颈往往在上面，高层管理者往往是瓶颈。玻璃瓶子的瓶颈不会在下面。这是常识。

几千几万人整合在一起，在同一个领域中做一件事情，谋求一个整体的经济成果，首要的任务就是努力推进他们的专业划分水平。分工是效率和规模化的前提，没有这个前提，就无法在产品的性价比上与对手展开竞争。

专业化分工水平每提高一个层次，就给一体化的组织带来一个层次的难度。如果一体化的组织水平不能随之提高，混乱、无序、失效和失败就不可避免，专业化分工带来的好处也会随之化为乌有。分工与组织是一对矛盾体，是对立统一的关系，它们相互作用、相互依存。

一体化的组织靠的是什么？靠的是标准化、规范化、模块化、信息化和流程化的手段，以及权责利的制度规范，最终靠的是基于流程的管理系统。

由于分工与组织是一个相互作用的渐进过程，因此这个管理系统也是一个不断深化演进的过程。无论是大企业还是中小企业，一开始就要建立业务流程，以及与之相匹配的管理系统。

极端地说，在企业从0到1的孕育期，必须怀的是一个孩子，而不是一只猴子。在建立系统的过程中，必须统一全体成员的认识和理念，企业的文化意识和价值观也就必然随着管理系统的演进而不断提升。离开了个体精神境界的提升，管理系统不可能进一步演进。

大企业需要系统，小企业更需要系统。一个初创的小企业，通常的情况是复合型人才不多，具有专业综合素养的人士不多。因此，它需要进行专业化分工，构建专业化的功能型团队，来提高整个企业的市场表现力，弥补人才上的短板。

二、分工与组织是企业系统的两个方面

很多企业都希望获得高素质人才，比如复合型或综合型的人才。这样的人才是很少的，按照德鲁克的说法，既能推动人又能推动事的人才，是非常少的。有伟人说过，既能领兵打仗又能做参谋的人，少之又少，百万大军中未必有几个。

解决问题的办法，不是培养和选拔，而是进行专业化的分工。分工细，能干这活儿的人就越多，用工成本也就越低。按照德鲁克的说法，企业是普通人干的事。把一群平凡的人组织起来，做成一件件不平凡的事情，把平凡的人组织起来，创造出不平凡的业绩，才是企业的

存在价值。我不同意科斯的观点，认为企业的存在是为了节省交易的成本。

进一步说，**就是要把职位设计得更适合于普通人**。如果把职位的要求设计得高了，往往找不到合适的人来担当。谁都干不好，谁干谁得死。

分工越细，一体化就越难，组织起来变成一个整体就越难。一个企业的分工能力与组织一体化的能力必须相互匹配。如果分工过细，组织能力不够，混乱、失效，乃至失败将是不可避免的。

分工与组织是一体两面，它们相互作用、相互依存，形成了企业分工与组织一体化的能力。分工与组织一体化的能力，支撑并决定了企业价值创造的能力，前者叫管理系统，后者叫业务流程。

福特汽车组织一体化的过程，是通过"胡萝卜加大棒"的管理专制实现的。而我们能不能像华为那样，在知识劳动为主体的企业中，依靠专业化分工的手段，让十几万名员工聚集在狭窄的领域中共同劳动。这是一个难题。

这个难题在于知识劳动为主体的企业不可能借用福特的方式，不可能采用"胡萝卜加大棒"的方式解决。**知识经济时代，必须在组织层面上确定企业的**宗旨。像华为那样明确企业的组织原则，组织起来变成一个整体的三项基本原则：顾客原则、员工原则和合作者原则。

否则，没有办法从根本上唤醒那些知识工作者的良知，充分发挥他们的主动性和创造性，齐心协力打造企业内外一致、具有内在统一性的价值创造流程和管理系统。

三、企业要自己孕育管理系统

企业管理实践的基本命题是系统失效。系统失效往往是眼睛看不见的，也没法追究哪个人的责任，无法把责任落实到哪个人。因此，有关系统失效的事情，每个人似乎都是无责任者，每个人似乎都有无力感，无能为力。

很多企业错误地认为，公司在很小的时候不需要管理系统。只要有了明确的产品和业务，就必须考虑两个问题：一是如何把这些产品或业务引导到战略方向上去，所谓"使企业有前途"；二是如何提高产品或业务的性价比，不断深化与目标客户群的联系，所谓"使系统有效率"。

培育业务流程及管理系统，就成为刻不容缓的事情了。这个时候企业就要企业管理实践的基本命题是系统失效。系统失效往往是眼睛看不见的，也没法追究哪个人的责任，无法把责任落实到哪个人。

问一问：我们的顾客是谁？顾客认为什么是有价值的？我们能够为顾客提供什么样的价值？等等。必须用业务流程及管理系统来表达顾客认定的价值和企业为顾客提供价值的能力。

从这个时候起，企业真要孕育这个孩子了——业务流程和管理系统。很多企业通过出钱来买一套这个系统，殊不知，这个业务流程和管理系统必须是自己孕育的。这是一个社会和心理的组织过程，是人际关系的组织过程。企业必须依靠自己的力量完成从0到1的孕育期。等到孩子出生后，不断加以教育和培养，最终让他走上从1到N的道路，走上持续成长的道路。这包括不断深化与顾客的关系，走上与顾客同步成长的道路。

等到业务做大了，再想培育业务流程和管理系统就晚了。员工的习惯已经养成了，要想改变他们的习惯，扭转局面，太难了，需要付出很大的代价。

华为做IPD业务流程的时候，实际上已经晚了，所以付出的代价非常大。后来华为请IBM做咨询，用了5年时间，花了15亿元。

其他的中国企业没有这种魄力，下如此大的决心，从而也就无法改变员工队伍的习性，无法在专业化分工的基础上有效地组织起来，形成并持续强化价值创造的能力。

今天我们看华为，是看不懂的，只能仰视，无法透视。今天我们去听华为领导的讲话，是听不懂的，比如战略集中、战略聚焦、战略突破，只能理解字面上的意思，不太懂这是一件什么事情、这件事情从哪开始的。因为自己没有做过，就没有真切的领悟和感受，不知道培育业务流程和管理系统是企业孕育期的根本命题。

而当有了这种感悟时，已经错过了最佳时期，力不从心。企业中所有员工，都已经被管理当局的指挥棒驯化了，被当期业绩或 KPI 指标牵着鼻子走了。所有的员工都已经有了思维定式，即完成业务指标就能拿奖金，就有机会晋升，就能更多地分享企业红利。没有谁会有兴趣按照业务流程和管理系统的要求，把知识和数据结构化，把每个活动的输入条件、输出结果、活动过程（内容、工具、方法）、经验和教训等都记录下来，加以规范化和存档。

接下来的问题就更麻烦了。没有业务流程和管理系统的支撑，组织结构就不能转向扁平化，只能继续沿着科层制的形态发展，叠床架屋，滋生官僚主义。加上中国文化的特性，横向协同变得更加困难。完整的价值创造流程就如同被装进了一个现代化的大楼之中，上下左右被楼板和墙壁切分的支离破碎，难以形成一体化的组织状态。

谁都能感知到，系统越笨重，做事越没有效率，剩下的只能是相互扯皮、相互推诿、躲避责任等，从而引发企业内部的办公室政治和玩弄权术等现象，并且愈演愈烈。

中国的绝大多数企业都必须补上这一课，在分工的基础上进行有效组织，重新考虑在体系内发育业务流程和管理体系。

《道路，只有一条》，韩国 LG 集团会长具滋暻写的一本书，推荐给大家。

四、每一个人都要为管理系统作贡献

改革开放 40 多年，很多企业没有真正从事过管理实践，"向管理要效率"还只是一句口号，中国企业真正的管理实践还没有开始。

真正的管理实践只有一个显著的标志，就是培育管理系统，通过架构业务流程来培育管理系统。

德鲁克的《卓有成效的管理者》，就是指导一个企业如何构建管理系统的。每个知识工作者都是管理职能的担当者，都要明确自己是哪方面的知识权威，为企业建设的管理系统、为构建企业的价值创造流程作贡献。

要让每个经理人员以及知识工作者都养成一个习惯，自动自发、自觉自愿地为业务流程的架构和管理系统的建设作贡献，谈何容易？要让他们天长日久、点点滴滴、锲而不舍地为业务流程和管理系统的建设作贡献，谈何容易？否则，即便像华为那样，用 5 年花 15 亿元，也建设不成业务流程和管理系统。

与西方企业比较，我们真正缺少的是高度专业化分工的价值创造链条，以及支撑这个链条有效运行的管理系统。

杰克·韦尔奇说过这样的话，"公司的一项战略决定，在24小时内可以转化为24万人的行动。"我相信，华为的任何一项战略决定，在24小时内也可以转化为17万人的行动。

我们到华为去学什么？学他们的战略思维和战略聚焦的决心？错了。中国企业的老板，战略思维能力一点都不比华为老板差。我们应该学的是，华为是靠什么实现战略落地的？他们究竟是靠什么约束17万人坚决地走在战略路线上的？有伟人说过，没有文化的军队是愚蠢的军队，而愚蠢的军队是不能战胜敌人的。

华为知道如何在成败的关键上下功夫。没有IPD的业务流程和管理系统，根本不可能提高适应市场变化的能力，不可能提高响应市场需求的速度。当年，摩托罗拉、诺基亚、爱立信三家公司迭代产品的速度是3个月，也就是3个月更新一代产品，而那时华为需要12个月。就是这一点，使得华为无法与这三家公司同台竞争，根本无法在手机市场上出

手。华为必须卧薪尝胆，苦练内功，练就真本事。

谁能教他们这个本事，当时只有IBM公司。因此，再贵、花再多的时间，也得干。这应了《华为基本法》的一条原则：要么彻底成功，要么彻底失败，没有中间道路可走。华为下定决心，所有项目组成员都没有退路。背水一战，破釜沉舟，与项目共存亡。

华为17万名员工就这样被编织在价值创造流程上，按照最终用户的要求，按照管理系统制定的规则，努力为下一道工序作贡献。每个人形成的知识和经验，都能及时进入流程的各个环节，形成动态的经验数据库。每个人都是这个经验数据库的专家，都是专家支持系统的一员。

换句话说，华为17万人中的任何一个人，和他们的经验、知识，都可以随时随地在组织的形态上积累起来。任何人在工作中遇到任何麻烦，都可以随时随地求助这个经验数据库以及专家支持系统。这种组织起来的力量有多强大，想想就明白了。🆔

注：本文内容摘录编辑自包政教授著作《管理学的教育反思》，经作者本人审核发表。

管理的根本目的：
对抗组织必然会出现的熵

■ 作者 | 苗兆光

解决企业内的熵增问题，最核心的是不断地打破结构，防止板结。

截至目前，中国企业大致经历了三个发展阶段，不同阶段有不同的竞争内容。第一个阶段，是抢夺机会的阶段，抢站"风口"。早期的企业制胜之道，就是要善于捕捉机会、捕捉风口，那些比一般人敏锐且勤奋努力的人赢得了机会。第二个阶段，其实拼的是玩法，也就是模式。在同样的风口和机会面前，谁的玩法更清晰，谁玩得更好，谁就能迅速发展壮大起来。第三个阶段，也就是现在，我认为企业其实到了一个拼管理的阶段。机会没那么多了，发展的速度也没那么快了，企业从现在开始真正要进入到向管理要效率、向管理要竞争力的发展阶段了。当然，一些标杆企业的做法，如华为依靠管理决胜的状态促

进了中国企业开始重视管理。

一、为什么华为会产生"熵减哲学"？

管理学华为，但华为的管理究竟有哪些可学的？我着力研究华为管理的"秘密"，试图把一些抽象的理念具体化。比如华为的熵减哲学与管理是什么关系？

华为的熵减哲学来自热力学第二定律。热力学第一定律是能量守恒定律，认为世界上的能量是无穷无尽在循环的。热力学第二定律的核心，则是能量只能单方面转移，从一种可利用状态转到不可利用状态。实际上热力学第二定律提出来以后，人类认为这是一种悲观

的理论。

研究科学哲学的人一直把这种物理学的原理扩展到各个领域。最有名的是薛定谔，他在《生命是什么》（*What is Life*）里面讲到，**凡生命体，动物也好，植物也好，之所以有活力，就在于它是一个熵减系统，它不会积攒负能量，而是能把负能量淘汰出去，使能量一直处于激活状态。简言之，生命的存在源于"负熵"。**

1987年，杰里米·里夫金和特德·霍华德共同著作了一本著名的书叫《熵：一种新的世界观》，据说任正非是读了这本书后，开始把书中理论引入到了生活的各个领域。他说，像你买了新房子，一开始感觉宽敞、整洁，视野、通风性都很好。住了十来年后，你会突然发现这房子哪里都被塞满了。空间被塞满后，"流动"就变得困难了（无论是风和空间的流动，还是人的活动、人的视线）。

任正非认为企业里、社会上，都是被因为看起来出现得都有道理、但其实存在价值并不大的事物占据了，渐渐丧失了活力。比如说员工对企业的忠诚度。员工对企业忠诚，他就有干劲，所以企业早期发展时一定需要员工的忠诚度。

但是，企业维系员工的忠诚是有代价的。一个初入公司的员工一个月挣5000元，你要维持他的忠诚，可能要通过不断地涨薪来激励他。你会发现，等他的月薪达到2万元时，你再给他涨薪，就起不到激励作用了。

这种忠诚度，到最后也可能变成熵，使得你激励员工的成本越来越高，企业不堪重负。

企业里有很多类似这样的熵，这些熵的产生大部分是正常且不可避免的，但熵如果一直累积的话，就像家里不清理扫除就会被物品和垃圾占满一样。

任正非认为管理的过程就是要解决熵减的过程。这是华为的基本逻辑，华为的价值观、流程都融入了这种思想。

二、企业内究竟有哪些熵？

做管理，只谈哲学，很难谈的具体，但不具体就没法落到管理上。任正非可以谈哲学，因为他下面有一群"狼"能去把哲学转化成现实，可是没有几家企业能做到这样。作为管理咨询研究者，我们得把事情说清楚，因此我做了很长时间的工作，想说清到底企业内部都有哪些是熵？它们的表征是什么？我们一一来看。

（一）业务熵

企业的业务方面会产生哪些熵？

业务难突破。 我们去过很多企业，发现有些企业发展了几十年，折腾很多事情，结果主要收入来源还是几十年前的业务。这也是很多企业的困扰。业务一直不能突破，这是不是一种熵？环境一直在改变，但业务的更新很缓慢。即便有心发展新业务，又经常会用老业务的模式去卡新业务。新业务起不来，老业务没有新进展，整个企业由此而死气沉沉，到处都是负能量，都是"熵"。

路径（思路）依赖。 企业跟人一样，一旦找到了自己的舒适区，很难走出来。比如分销做得好的企业，即便市场和顾客发生了变化，它也很难转型去做直销。即便做直销，也会用分销的思维去思考直销，结果往往是脚想掉转方向，脑袋却转不过来，很久都掌握不了新技能。

技术迭代时，企业怠于更新。 技术日新月异，企业却怠于更新。比如我曾经问一位小米的负责人，电饭煲这个产品还能有什么技术改进吗？回答说当然有了。但为什么像三洋这样老牌的生产商不去做改进呢？它在电饭煲市场处于绝对优势地位，产品一直卖得挺好，但如果增加新技术，就要增加模具、增加投入，还要考虑供应链要不要跟上。一个新技术会制造很多新问题，当不用新技术也能占领市场相当份额时，引进新技术的动力就不足。

竞争扑面而来时，无能为力，业务升级困难。 我去年服务于一家大型软件公司，它们的主要业务是做 ERP。它们眼看着腾讯的企业微信、阿里巴巴的钉钉做起来了——这两者本质上都是颠覆过去 ERP 的一种新的方式。这家企业内部也很着急，也想要改变一下模式，换一种新的打法，但我们深入调研后发现很难做到。它整个的内部结构、内部的熵，无法支持新业务，积重难返。竞争就摆在眼前，但就是改变不了。

很多企业在发展过程中，不要说遇到外部挑战，就连内部挑战也应对乏力。创业期的企业都是机会主义的，遇到机会就要往上扑。结果一旦企业选定了一个领域发展，同时对机会的捕捉自由度变得没那么大的时候，很多企业还是会依赖机会主义，总是有多元化的冲动。

业务熵还体现为，当外部机会改变

时，企业难以调整航向；市场需求变了，企业的增长方式不变，等等。

（二）机制熵

主要是机制老化带来的利益结构板结。中国企业发展到现在，很多企业的利益机制实际上都出现了板结化。早期发展的时候，研产销是清晰的，根据研产销设计不同的激励。营销的机制往往就用提成的方式，生产用计件制，研发按产品的收入来提成，一做就延续很多年，而当新的业务开始调整的时候，就会发现这种机制形成的利益板结制约企业的新增长。因为新业务有个较长的培育期，培育期内很难按照成熟的业务那样计量，可是不能计量，销售人员就没有动力，因为他的提成少。生产部门也不愿意生产，量小生产成本反而高。如此种种，价值环节就脱节了。研发又哪里能有动力呢？

随着利益结构的板结，企业内部形成食利阶层，我们称为"上市综合征"。一些人赌对了企业，分到了一些股权，尽管是创业公司，但是赶上了好时机，公司上市了，这些人"哐当"一下就富裕了，然后就变成食利阶层。不管怎样，只要公司有利润，市值在增加，食利阶层就可以过得很好。一家企业的一个原始股东说他现在坐家里一年赚的钱比过去工作多少年都多。可想而知，这些人已经没有奋斗前进的动力了。而企业财富的获得也就成了马太效应。

还有，机制的自弱化。很多时候，机制是一种自弱机制，而非自强机制。春秋战国时期为什么最后得天下的是秦国？而把秦国打败的为什么是楚国？源头在于，周朝在设计诸侯制度的时候，用的就是自弱机制——打完天下，分封诸侯，所有姬姓家族的人分的都是最肥沃的土地。洛阳城里的是王室，叔伯兄弟分到山东，是鲁国；立过功的，像姜子牙，分到齐国；中原地带离洛阳比较近的，郑国魏国都是姬姓家族的。那些不待见的人全分到外围了，如秦国被分到陕西，楚国更在当时所谓的"蛮荒之地"。

起初分的时候还算满意，结果没想到这个机制是动态的。每家诸侯都生孩子，给每个孩子都要分地，诸侯越来越多，分得的土地越来越少，国家也被越切越小。诸侯的周围，还不能打，不能占，因为都是自己兄弟姐妹，谁还能抢谁的地盘呢？反而是秦国、楚国，地处偏远、教化不深，较为野蛮，想扩张的时候，不能抢自家的兄弟姐妹，就往外去杀伐，它的地盘就越来越大。

这种自弱机制，往后来越发展，忠诚度就越被弱化。也就是说，机制在带来利益的同时，它也存在着一种自弱的力量。

企业内部出现机制熵与分封诸侯有异曲同工之处。

利益机制渐渐与业务发展脱节。 华为的早期，都是派那些能干的人到各个地区去抢地盘。1994年的时候，C&C08（交换机型号）出来了，华为的业务性质改变了，以前做的都是几十万元的小单，现在一单大概几百万元、上千万元。单子一改变，其客户的决策流程就要改变。以前只要个人能力强，能搞定客户，就能去做业务。到业务大单的时候，企业要集体决策。你搞定一个人不行，你得搞定一个团队，这就意味着你的业务模式不得不变。以前靠单兵作战，现在必须靠团队作战。这时候就会发现，原来的绩效管理、利益分配机制不灵了。也是这个时候，任正非开始请人大的教授去帮忙解决"冲上山头怎么分成果的"的问题。

机制熵在企业内还表现为： 短期化，跟着指标走，短期化机制造成短期化指标管理，哪家企业机制能指向长期，就能赢得竞争；功利化，无利不起早，企业内都是在谈钱谈交易，使命、战略，都会抛之脑后；激励递减，前面已谈到，早期激励机制是有效的，然而随着获益人的基础越来越大，激励效果是递减的。

（三）文化熵

文化熵主要表现为以下几个方面。

环境改变时，企业的管理假设系统却没能随之改变。 理解这一点，大家可以参考学习关于华为愿景的表述，随着时间推移、环境改变，华为愿景也在更新。但很多企业不是这样做的。

模仿、抄袭。 我曾问一家企业，他们的研发流程是怎么样的。回答说研发部门的第一个环节是"测绘"。我说，测绘是干吗的？他说很简单，找到竞争对手最好的一个产品，把它打开，内部结构、零件、材质等所有数据都测绘出来，再进入研发的第二个阶段——开发。这其实就是模仿抄袭啊！但是我们很多企业在早期发展的时候就这么干的。也不能断然说它是错的，能抄干吗不抄，创新总是高风险。但是当知识产权保护时代来临时，原有文化的这种假设都要改变，资源投资的方式都要改变。

价值观的"挂羊头卖狗肉"。有些企业，文化就是上墙的摆设，挂在那里谁都不信，因为说的是一套做的是另一套。

（四）人才熵

惰性。人才总会发生惰性。其实说到底，人到企业里并不是为奋斗而来的，总有一天惰性会起来。你刚上班的时候，不打卡老板会批评，你可能会丢了工作；早期，你只能挣 5000 元的时候，要没了这份工作，下个月就交不了房租。那你一定是勤奋的，怕丢了工作。到了中年，家里有点积蓄，工作上有点地位，纪律性就变得没那么强了。这时候几乎人人都可能开始有点自由主义了。这在哪个企业里都避免不了。

观念难改。观念在悄然之间变得陈旧。很多以前先进的观念可能到现在就变得陈旧，也包括知识。

知识陈旧。经验向成见转化。过去赖以生存的很多知识，现在可能变成了成见。

难以改变的习惯：习惯向习性转化。

人际关系板结。永久不变，相互成为包袱。企业内部的关系，意味着锁定了资源结构，这种时候要想改变企业，需要先改变与他人的关系。怎么去改变这种关系？其实很多时候新人难以起来、难以发挥最大价值，就是因为人际关系的板结。

忠诚度：负担不起的忠诚。关于这点任正非先生讲得很清楚了。

共同的经验，认知的牵绊。基于企业共同的经验和共同认知，一旦出现共同经验的更大改变，个人经验改变起来较容易，但大家确定的东西却很难改变。

三、管理如何才能缓解熵增，促进熵减？

熵的解决不是哲学，而是要通过具体的管理手段去解决。

要解决熵增问题，最核心的是打破结构。一个企业的五大结构，包括业务结构、价值观结构、组织结构、人员结构、文化结构，基于成长发展的都需要打破重构。**管理的要义就是缓解熵增的过程，促进熵减的过程。**具体而言，就是如何把公司内部那些降低组织活力的事物去掉，保持组织的活力。

（一）管理的基础：永无止境的 PDCA 循环

其实道理都是很朴素的，管理的事情没那么复杂。大家看图 1。

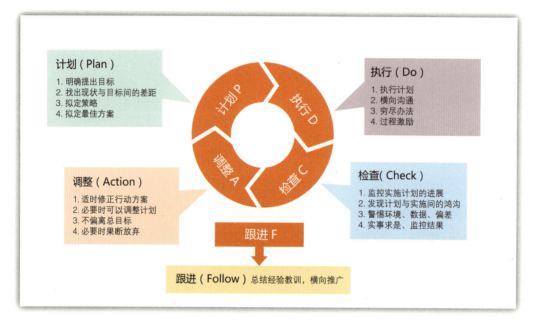

图1　PDCA+F是管理的精髓

这就是典型的丰田模式。管理其实可以简化为PDCA，PDCA循环本身就是一个熵减的过程。不管提出哪方面的计划，都要先有一个方案、目标，然后在工作过程中去执行这个计划。执行过程中要不断回顾检查计划有什么不利之处、改善之处，然后去调整它。只要把这个方案坚持住了，把循环做到位，就是一个熵减的过程。丰田在PDCA后加了一个F，意思是计划完成并调整好之后，要形成知识经验，去做横向推广。

PDCA+F在华为叫"闭环"：发出去的东西一定要回来，设计出来的东西一定要回来。这个过程当中，基本逻辑就是：计划、实施、检查、纠偏，再去推广。

管理的本质是一个永无止境的PDCA循环（见图2），每个环节都是往上走，不能停住不变。停住就是熵增的过程，所以企业不可能保持一成不变的机制，机制必须跟随企业发展需求进行变革创新。

（二）用自强机制筛选奋斗者

企业应该建立自强机制，去筛选奋斗者，而不是用"分封诸侯"那种自弱机制。很多时候机制是逆人性的，要想基业长青，就要把机制力量配置到真正的成长机会上，而不是配置到利益最大化的环节。

自强机制的核心，我认为是上帝赋予人类的。为什么人类能从一个不能自保的猴儿，变成统治世界的人？就是因为有一个自强机制，叫"优胜劣汰、适者生存"。华为从顶层设计上每年把股权缩减10%，即便是股东其实也是不安稳的，因为利益被逐年摊薄。这种机制恰恰是让每个人都不能成为食利阶层。

所以企业传承与创新的根本是要建立机制，而机制就是要把人锻炼得过硬。你怎么把你的人锻炼得过硬？就是要把他搁在冰上，搁在冰上它才能变得强，你筛选出来的才是奋斗者。

当然，奋斗者是有标准的。至少具备下面四项特质。

1. 不着急。奋斗者做事有长久之心。尤其做管理的事情，不能着急，不能短

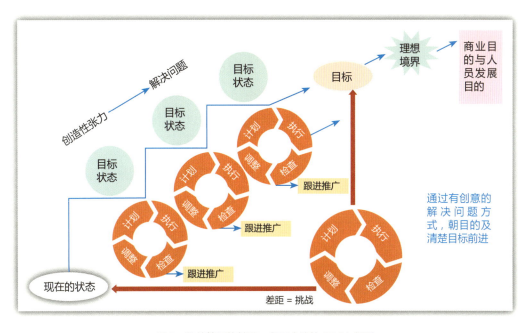

图2 绩效管理的基础：永无止境的 PDCA 循环

期。奋斗者关注的是事业的目标。

2. **主动工作。**主动工作者推动别人变化，被动工作者等着别人推动。奋斗者区别于劳动者最大的区别，就在于奋斗者是主动工作的人。我们大多数人都是喜欢被动的人，老板说怎么干我就怎么干。这种被动工作的人在企业里是没有价值的。

3. **信仰获取分享。**奋斗者是先贡献后分享成果，劳动者是先索取后奉献。

4. **事业优先。**确实很多人的人生优先秩序排序是不一样的。为什么就不能家庭优先？为什么就不能生活优先？为什么就不能享受优先？为什么就不能女朋友优先？这些优先排序选择都是正常的、合乎人情的。但是对企业来讲，要选择的是那些以企业优先的人。企业得重用这些以企业优先的人，才能够使那些非企业优先的人也能生活得更好一点。

（三）企业要有成长型思维

企业的管理要想破熵，在思维方式上要有成长型思维。关于成长型思维，我理解是三层意思。

1. **成长即成功。**对企业来讲，不要轻易定义成功，尤其对现在那些创新领域的公司，真的很难设定一个成功标准。

什么叫成功？什么叫不成功？只要比过去好，就是在成长、成功，说明你做得很棒。

2. **不轻易设限。**具体而言，就是认为能力是可以获得的，对自己如此，对别人亦如此，这也是互联网精神之精髓。这两年我服务的互联网企业比较多，真正深度进入互联网企业，发现他们的思维方式的确区别于传统企业。比如他们去谈客户，就是去谈规则、谈原理，把客户谈得彻彻底底。在互联网企业里，你要是说"这件事老板说了算"，老板不会认为你是听话的好员工，他甚至会翻脸说："我什么时候说了算？"不轻易设限，的确是这些互联网企业的精髓之所在。

3. **归零思维。**经验与成见只有一墙之隔，可以是财富，也可以是包袱。任何时候我们做一件事情，不论你有多少成功的经验，也要回到零起点去思考。这一点上，我认为华为已经落实到方法论上了。华为当年写基本法时提的"经典三问"，我认为是把熵减建立到方法上来了（见图3）。

我们做任何一件事的时候，都要问这三个问题，过去为什么成功？从战略、理

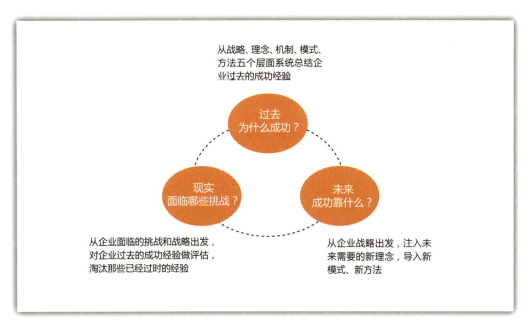

从战略、理念、机制、模式、
方法五个层面系统总结企
业过去的成功经验

**过去
为什么成功？**

**现实
面临哪些挑战？**

**未来
成功靠什么？**

从企业面临的挑战和战略出发，
对企业过去的成功经验做评估，
淘汰那些已经过时的经验

从企业战略出发，注入未
来需要的新理念，导入新
模式、新方法

图3 华为经典三问

念、机制、模式、方法五个层面系统总结企业过去的成功经验，然后去把它提炼出来；分析现实面临什么挑战，哪些经验还能用，哪些经验已经成为障碍；然后再想未来成功靠什么，注入什么新的东西。

《华为基本法》中的"经典三问"是一种基础的方法论。要每个层面都能总结出来，你一定要继承过去成功的东西，又淘汰那些抑制未来的熵。

（四）企业要有开放的文化与价值观

企业要有开放的文化与价值观。

做咨询二十年，我去过的公司里，老板是"一言堂"的公司，绝对是没有活力的公司。企业是否有活力，要看员工在里面是斗志昂扬还是死气沉沉，要看企业能不能向内开放，就是向员工开放利益、开放权力、开放机会，同时向外开放资源。🔲

注：本文根据苗兆光博士在2020年华夏基石新春年会上的讲话整理编辑，图片由作者提供。

人力资源管理时代挑战
与人才效能提升机制创新

■ 作者｜孙波　中国劳动关系学院副教授，华夏基石集团副总裁

当我们思考人力资源的问题时，我们从什么样的角度去思考它很重要？如果一提到人力资源，只能想到招聘、绩效、选用育留，甚至是更具体的考核指标，那就会陷入技术性的陷阱，很多问题可能就是"无解"。但是如果能跳出问题本身，站到某一个高度去思考它，你可能会发现，这个"无解"的问题根本就不构成问题。所谓视野决定思路，思路决定方法，方法决定出路。

这是我们思考时代背景下的组织与人才管理新机制的重要前提，即从什么样的角度去思考问题，可能比答案更重要。

一、不确定性时代中把握人力资源管理的关键变化

这个时代有两组关键词：质变与不确定，数字经济。虽然说2020年开年便是满天的"黑天鹅"，美伊争端未息，一场新冠肺炎又席卷世界。事实上，质变与不确定并不是今年才出现的，如果一定要找个时间节点，我认为从2008年金融危机开始，不确定性就成为这个时代的主题词之一。

（一）中等收入陷阱下的效率管理挑战

不确定性来自很多方面，从中国企业经营发展的角度来看，不确定性主要来自两方面：一个是来自国家宏观层面，即发展模式的问题；另一个来自中等收入陷阱。发展模式的问题这些年讨论很多，此处我不做赘述。

我认为，对于中国来说，现在更关键的是进入到中等收入陷阱。中等收入陷阱本身是一个统计指标的概念，世界银行2012年重新制订的标准是：人均

国民收入在 1035 美元以下是低收入国家；1036~12616 美元是中等收入，中等收入又以 4086 美元为界，分为中下收入和中上收入；12616 美元以上是高收入国家。按照这个标准，我国自 2012 年以后就已经进入到中高收入国家的阶段。为什么国际上很重视"中等收入"这个概念？因为近代史上的"拉美旋涡""东亚危机""北非危机"等都发生在该地区的中等收入阶段。

20 世纪 60 年代，世界上有 113 个国家和地区达到了当时中等收入的水平，但是到 20 世纪 80 年代末，实现跨越的国家和地区不超过 13 个，也就是说大部分国家在中等收入阶段没有实现跨越。而一系列问题往往在这个阶段集中爆发，所以才称为"中等收入陷阱"，这个阶段能不能跨越过去也决定一个国家能否实现可持续发展。

我们现在面临的最大的不确定性就来自如何跨越中等收入陷阱。这个阶段，双重风险并存：一个是供给方面，另一个是需求方面。这就会带来企业发展的背景变化。

从供给方面来看，是全方位的成本上升，劳动力成本、资源成本、环境成本等，更大的成本来自技术创新。关于成本上升，这几年来企业有切肤之痛。珠江三角洲、长江三角洲这些产业比较集中的地方，尤其是劳动力密集型、毛利率本就不高的企业不堪重负。但是，劳动力成本上升的长期趋势并没有达到某种"节点"，简单说就是还有可能持续上升。而且不仅仅是劳动力成本，还包括了资源成本、环境成本等，当然更重要的是基础研发投入的成本大幅上升。

从需求方面来看，投资、消费双疲软。很多做投资的企业，像赌博一样投项目，为什么？就因为好的项目太少。什么叫好的项目？就是不是落后产能，不是简单的产能扩大，而是有自主研发、自主创新能力的项目。这类"好项目"的缺乏必然带来投资疲软。

消费也同时疲软。改革开放 40 多年，财富有了相当规模的积累，为什么会出现消费疲软呢？其实消费能力的提高有一个很重要的前提是收入是否分配合理。它包括三个层次：中高、中等、中低收入分配是否合理。而我们在三个分配层次上都存在着不合理。

需求疲软带来供给和需求两个方面的问题叠加，既没有办法通过价格上升、用价格来消化成本，又没有办法用通缩的方式刺激需求，所以这是当前比较棘手的问题。

很多企业在这种情况下，选择在全球布局，转移到劳动力价格相对较低的东南亚、非洲地区。但是，劳动力价格并不等于劳动力成本，真正要比较的是单位劳动力成本。其基本公式：单位劳动力成本＝平均劳动报酬÷劳动生产率。

很多企业转移到越南去了以后，劳动力报酬是低了，但是劳动力生产率也降低了，所以单位劳动成本并没有改善，甚至在相当长一段时间还是下降的，所以它的竞争力还是有问题的。

而我们要参与国际竞争，唯一的指标是单位劳动力成本领先。这对人力资源提出的挑战就是：既要面对劳动力报酬上升的压力，同时单位劳动力成本还要领先，劳动产出必须要大于劳动报酬的增速。人力资源管理面临的第一个挑战就是效率管理，用人力资源效能提升化解成本风险。

（二）数字经济带来的人的变化

数字化时代是人和技术共同进化的一个时代，就是把互联网技术综合运用并普惠到生产消费各个环节，使得实体经济和虚拟经济高度融合。数字化不仅仅是一种技术革命，更重要的是一种思维方式，是一个认知的革命。

数字化与智能化对企业经营管理的影响，体现在经营管理的三个基本命题上：战略、组织、人才，其中最大的特点就是基于数字化重构人与组织的关系，重构组织能力。

基于数字化重构人与组织关系，最关键的是要把握人的变化。以"90后"为主体的新生代员工与上几个代际的员工相比，的确表现出很多不一样的特点（见图1）。过去，人在企业里通过职位晋升来获得职业发展，企业要求员工忠诚于组织，企业也为忠诚的员工提供成长机会。忠诚度长期以来是被鼓励的，很多公司的薪酬里会有一项年资奖。但今天的专业人员并不热衷于对某个企业忠诚，而是忠诚于他的专业。他的职业发展规划是通过专业上的成长和精进，不断提升自己的价值、积累专业资源等。这种情况下，人和组织的关系就发生变化了，人与组织的黏度在降低。

新生代员工呈现出的这些特点，对传统的人力资源管理理论甚至都提出了挑战。这种挑战表现在方方面面，比如物质

图1 传统员工特点和新生代员工特点对比

激励为主的正向、负向激励显然已经不能适用于新生代员工，新生代员工还需要被看见、被关注。如果你不能满足这种需求，还用过去的方式管理，管理就会失效。所以今天我们面临的就是人的变化带来人与组织的关系重构、管理重构。

（三）人是目的，人力资源管理发展的新阶段

这个时代背后的关键变化是人的变化，而人的变化带来人与组织关系的变化，它来自不同时代人力资源管理理念的变迁。

我从人与组织关系发展的角度出发，把人力资源管理大致划分为以下四个阶段。

第一阶段可称为"人是工具"，人被简单地视为"力"的输出者。尤其表现在农业社会时期和工业化早期，第一生产要素不是人力资源，是土地、资本，所以人力资源仅仅被视为与工具同等地位的普通生产要素。

第二阶段是"人岗匹配"。简单理解就是让合适的人干合适的事情。这个阶段的特点是初步认识到人力资源的独特性和差异性，但是仍然是以"事"为前提的，也就是人的独特性和差异性是依附于"事"，并由"事"来决定其价值。这就是我们所谓的"人岗匹配"，是人和组织关系的第二阶段。

第三阶段是"人事互动"，不仅仅是人去满足一个事情，而是充分认识到"人"身上所蕴含的知识、技能等的独特价值，通过人和事之间的有效配置既实现事物的发展，也可以带动人本身的发展。这个时候人和事的评价分开了，既看人又看事，既看事的价值也看人的价值。

第四阶段是"人是目的"的提出。这个理念一百年前由哲学家康德提出来的，说人是一切事物的最根本的目的，但是在企业的应用来说，是在互联网被普及后，旗帜鲜明地提出来的是海尔的张瑞敏先生。

张瑞敏曾清晰的诠释过海尔的"人是目的"观，"把人的需求满足了，给人最好的待遇，其实这不是人是目的的含义。因为这和企业的目的相悖离，企业的目的是创造用户价值的最大化。海尔人是目的的管理创新就是让每个人有自创性，你通过满足客户的需求来实现你的价值。组织作为一个平台来支撑你实现这个价值，并且跟你分享价值。这是企业经营的根本，所以企业的经营根本是以人为核心的（见图2）。"

人是目的，是把人本身作为组织实

人是工具	人是目的
把人作为实现组织目标的手段	把人本身作为组织实现的目标
把组织放在第一位	把人放在第一位
利用人，无底线地使用	尊重人，支持人
认为人是被动工作的	认为人在组织中是主动工作的
基于利润、结果、效率，关注短期目标	基于价值观，关注道德，组织的长久使命
主要关注组织利润回报和股东满意度	关注多数人福利和高度满意
职能和功能管理	文化管理
强调组织的作用和价值	强调个体的作用和价值
人性压抑，潜能束缚	人性解放，潜能释放
千人一面，物化、固化	强调个性和人的自由性

图2 "人是目的"和"人是工具"的对比

现的目标；人是工具，则人是依附于组织的。这是人与组织关系上的一个根本性的变化。由此，人与组织的关系就有了新面貌、新特点，人力资源的发展阶段也进入到第四阶段，即"人是目的"的阶段。

按照海尔"人是目的"观，组织不再有传统的员工的概念，只有在组织平台创造价值的"人"；不再有企业和部门的概念，只有支持价值创造者创造价值的相互协作网；不再有层级之分，只有面向用户价值创造不同的角色和功能；不再有内外之分，有的是社会化的人力资源生态和创造价值的协同生态

圈，组织成为价值创造者的承载体；不再有无效劳动，因为无价值不存在，找不到价值创造方式不存在，没有价值创造的持续增值不存在（见图3～图6）。

小结：迈入中等收入国家行列，在数字经济时代，人力资源管理面临的最大挑战是效率管理和人的变化。人的变化是根本性的变化，它带来了人和组织关系的重构，带来了人力资源管理的重构，其核心内容是对价值的重新定义与匹配。包括组织价值、用户价值、社会价值和个体价值。

▶ 海尔案例链接

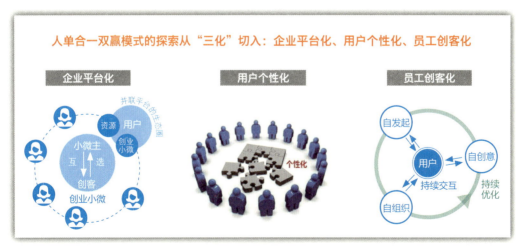

图3　海尔的转型探索1

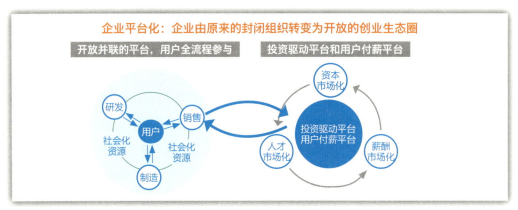

图 4　海尔的转型探索 2

图 5　海尔的转型探索 3

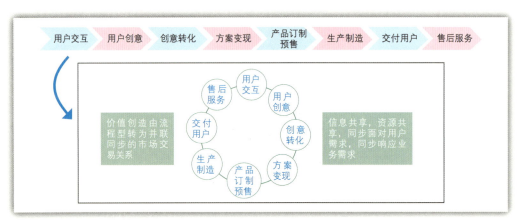

图 6　组织流程由过去的串联到以用户为中心的并联

图表来源：《海尔能否重生》

二、以人才效能为核心的机制创新

回到开篇所说的，企业人力资源如何应对这个时代带来的管理难题：效率管理与成本上升压力。对企业来说，化解矛盾最可行的是提高效能，以提升效能为核心、为抓手化解压力。

效能命题是这几年我们团队研究的重点，结合在几十家企业的咨询实践，我们构建了一个基础模型（见图7）。

（一）人才效能提升的前提是事业理论与战略思维

如果企业的事业理论和战略思维本身没有突破的话，个体的效能如何提高都得不到价值放大。

一个组织它的核心命题首先是战略。记得当年笔者在华为工作期间，多次听到任正非先生对华为战略的表述，"就是活下去。活下去之后呢？就是长期活下去。如果有终极战略，就是比竞争对手更长的活下去。"

听起来好像不怎么"高大上"，但任正非先生其实回答了一个组织经营的根本问题，即可持续发展的问题。对可持续发展问题的回答，本质上是构建组织的事业理论的过程，也就是德鲁克关

图7 人才效能提升机制（华夏基石模型）

于组织的经典三问：我们事业如何才有前途？我们的工作如何提高效率？员工怎样才能有所成就？回答清楚这组基本假设，也就意味着完成了组织的顶层设计（见图8）。

我们的事业究竟是什么？以使命、愿景、战略的方式表示出来，回答的是我们的企业是不是有前途的问题；组织要承接事业目标，就要通过组织架构、治理结构、管控流程、制度流程提高效率；组织要支撑事业目标实现，需要有催化剂，需要驱动系统，驱动系统就是人。怎样才能让人感觉到有成就，愿意

从事这个事情，驱动这个组织完成事业愿景。这一系列的思考就叫作经营假设，对这一系列问题的回答就构成了企业的事业理论。

事业理论既是顶层设计，又是企业行为方式的底层逻辑。《华为基本法》最大的价值就在于它完成了企业的顶层设计、在华为转型发展过程中指明了方向，统一了大家的思想。

（二）人才效能提升的基础是组织进化与变革

与未来的生态化战略相适应，组织一定会走向扁平化、网络化、客户化的

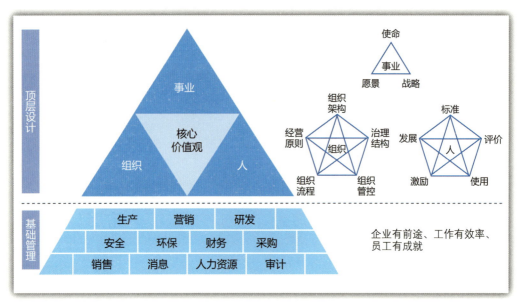

图8　基于经营假设构建事业理论

有机结构，而不是今天的金字塔结构。

无论是海尔的管理模式还是华为的管理模式，直观的感受可能会认为组织形态差异巨大，但其本质都是逐渐在向"平台化＋分布式组织"进化。平台化＋分布式组织是传统组织"去中介、去威权、去中心化"以后的一种主流的组织模式，只不过不同企业在展现形式上有所差异。组织的进化是人才效能提升的重要基础。

华为的组织和人才管理机制有两个突出特征（成功之处）：第一个特征是围绕人的价值持续激活人的价值创造和奋斗精神。早年间任正非在一次内部讲话中曾问大家："如果华为要卖的话，你们认为我们什么最值钱？"大家就说华为的品牌，华为的技术，华为的人才等。任正非说都不对，我们就两个值钱，第一个是围绕人的价值实现持续激活人的价值创造的机制（华为人力资源价值管理体系），第二个是围绕客户价值实现的组织变革和组织能力建设机制。

第二个特征就是华为的"赋能平台＋铁三角"的组织方式。"铁三角"并不是代表只有三个人，而是代表围绕客户价值实现、快速响应客户需求的灵活作战单元。

由前端提出诉求，所谓"让听得见炮火的人来呼唤炮火"，后台来提供支持。这种组织变革进化模式，根本的目的是使人才效能得到放大和提升。

（三）人力资源效能供给：组织能力规划与员工赋能管理

过去一谈人力资源管理，首先是职位、部门的概念，而构建能力体系首先要做的事情是打破部门和职位的概念（见图9）。在实践中怎么实施？我们把具有能力要求相似性、职责相似性的岗位归纳在一起，构成一个一个的类别，称为"职种"或者"职类"，这些不同类别就构成了不同的能力成长通道。

每个类别都有一个职业发展通道、每个级别都有相应的评价标准，通过标准不断地牵引员工提升，就构建了基于能力的人力资源管理基础（见图10）。

（四）人力资源效能驱动器：自主管理与绩效管理的系统整合

技术的不断突破和社会需求基准的不断提高，推动着组织形态的演变，最终会带来人和组织关系的重构，而人与组织关系的重构会使得人力资源管理从过去的基于职位的职能管理向价值管理转移，绩效管理就是很典型的例子。

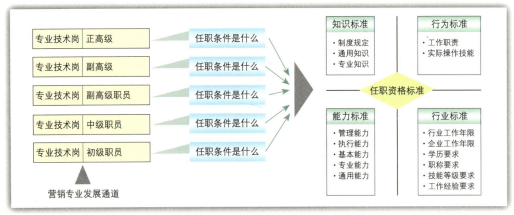

图 9 任职资格标准的基本内容

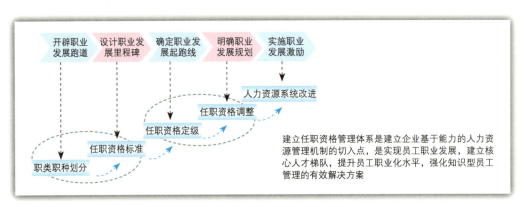

图 10 任职资格管理体系的运行机制

比如，过去的绩效管理是有一个岗位，基于员工在岗位的履职状况进行绩效评价。但是现在，岗位越来越动态化，甚至岗位已经被角色替代，基于岗位的履职状况和绩效评价还有什么意义？这就是今天绩效管理所遇到的一个巨大的问题。

另外，人力资源管理从职能管理转向价值管理，对员工的要求发生很多变化，强调员工主动突破组织边界，通过增加与外界的互动，主动捕捉客户的需求并通过满足客户需求实现价值创造。

在这种要求下，很多传统绩效管理做得非常严格的企业也遇到了新挑战。

比如很多员工表现出这样的行为——绩效里规定的，算绩效的他就干，不算绩效的他就不干。而我们今天要求员工更多地是要跟客户主动接触，更多的去捕捉机会，更多主观能动行为，可这种主动工作很难都预先设计和计算到绩效考核里，怎么办？这也是绩效管理所遇到的问题。

所以，管理的一种发展趋势是，员工效能与员工自我管理、自我驱动的关系越来越紧密，我们可以观察到业界的很多尝试都是在响应这种诉求和变化。以下两种实践较为突出。

第一，自主管理和绩效管理相结合，也就是OKR的概念，强调自我价值驱动、自我定位（见图11）。OKR的基本理念是：组织基于大概的方向，确定一个总目标，每一个团队、每一个个体基于对总目标的理解提出自己的目标贡献。当然有一套评价标准，如打分是0～1分，那么得分在0.6～0.7相对合适。也就是说，OKR的计量标准不一定是要员工百分之百完成绩效指标，而是关注员工如何做到对目标实现更有贡献度。本质上是评价员工对目标实现的影响，而不是必须完成的指标值。

OKR与KPI的根本差别就是变他律为自律，通过调动员工的自主性，让员工参与到自我管理的过程中去（见图12）。

第二，绩效管理向前延伸。代表性案例是阿里巴巴的价值观管理、华为的劳动态度考核等。通过把绩效管理向前延伸，

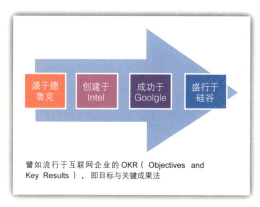

譬如流行于互联网企业的OKR（Objectives and Key Results），即目标与关键成果法

图11 员工进行自我价值定位与自我驱动

图12 OKR与KPI的流程对比

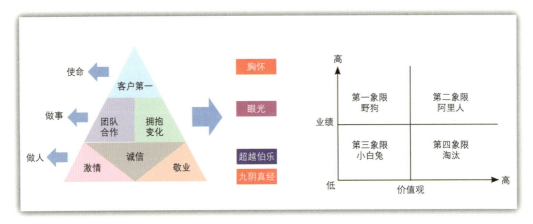

图 13 绩效管理延伸（价值观考核）

通过考核价值观实现选拔、引导和调动员工实现组织期望的绩效（见图 13）。

（五）人才效能提升的基点：领导力建设

人才效能很大程度上也来自管理者的领导力，通过领导力的建设也能有效实现组织人才效能的提升和释放。

领导力建设要解决三个问题。一是使命的问题，企业家和高管的使命追求与事业激情是企业从优秀走向卓越的一个动力源泉。二是责任，责任是大于能力的，责任成就卓越，企业家和高管是责任担当的表率，企业真正的威胁来自责任的缺失。三是能力，能力是使命与责任担当的基石（见图 14）。

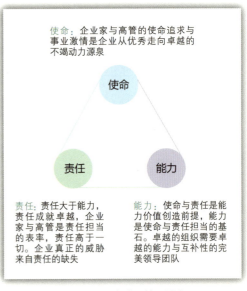

图 14 领导力建设的三要素

华为一直致力于干部管理体系化建设，形成了干部管理的华为经验，整个干部管理体系相对完善，对干部的管理从使命与责任细化到了选拔与配置、适用于管理、队伍的建设等。

（六）人才效能提升的引擎：激励与人才事业合伙机制

1. 全面认可激励。基于组织与人关系的转变和新生代员工的特点，我们发现，单纯的薪酬激励作用越来越低，企业必须进入到全面认可激励时代。全面认可激励的范围至少包括六个方面：激励绩效提升、激励标杆行为、激励组织成员行为、激励员工忠诚、激励员工成长、激励客户忠诚（见图15）。方式方法则有很多，目前比较热门的有积分制、自助福利等。

2. 分享和参与机制。知识型员工对企业的诉求不再仅仅是谋一份工资，他还希望作为人力资本获得剩余价值的索

取权，以及经营管理的参与权。这是目前股权激励和人才事业合伙制引起企业重视的一个背景。事业合伙机制是一种战略动力机制，是一种企业成长和人才发展机制，涉及企业战略创新（平台＋生态战略）、公司治理结构优化（股东价值最大化与相关利益者价值，共治共决）、组织与人的关系重构（雇佣关系与合作伙伴关系）的系统工程，是一种新人才生态。华夏基石提出人才事业合伙机制的32字价值主张：志同道合，利他取势；共担共创，增量分享；相互赋能，自动协同；价值核算，动态进退。

总结：从人力资源管理的视角，今天我们所处的时代的确发生了巨大的变化，变化的核心在于人与组织的关系发生了变化，所以我们必须重构管理范式。从基于职位的人力资源管理、基于能力的人力资源管理，要进化到基于价值创造与评价的人力资本管理，我们必须要对价值进行评价，基于价值进行分配，人力资源效能成为其中的核心问题。效能提升不仅仅是把个体激励起来，而是要通过事业理论的重新构建、组织形态的进化等机制创新来实现企业效能的全面提升。🆔

激励绩效提升	激励标杆行为	激励组织成员行为
▶ 工作任务认可 ▶ 服务认可 ▶ 合作认可	▶ 文化标兵认可 ▶ 突出贡献认可 ▶ 全勤认可	▶ 管理改进认可 ▶ 人才举荐认可
激励员工忠诚	激励员工成长	激励客户忠诚
▶ 周年认可 ▶ 生日认可	▶ 激励员工成长 ▶ 员工成长认可	▶ 客户忠诚认可

图15 全面认可激励时代

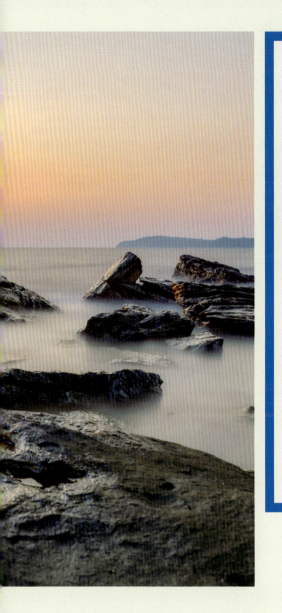

阅读思考

CHINA STONE ▶▶

要利用差异化考核制度去消除不确定性的迷雾，让员工清楚地了解你对他们业绩的看法，给员工以及管理者创造一个把握自己命运的机会。

——许小年

商业的本质：
"基本且众所周知的法则"

■ 作者｜许小年

编　前

　　中欧工商管理学院终身荣誉教授许小年的新书《商业的本质和互联网》直面互联网的冲击与挑战，用经济学原理帮助企业家辨析互联网的机遇与陷阱，探寻在互联网商业环境下进行模式创新、打造核心竞争力的出路。许小年教授运用经济学原理分析与互联网相关的商业模式，试图验证一些"基本且众所周知的法则"，为读者研究创新的方法论提供案例，有助于读者思考商业模式与操作策略，规避显而易见的误区，降低试错成本和资源的浪费。

一、协同力和领导力

　　为了实现赢的目标，需要协同力和领导力，两者相辅相成，缺一不可。协同力就是让使命、行动和结果协同起来。最好的使命陈述一定是目标远大、鼓舞人心的，同时切合实际。确保使命和行动是同一链条上密切配合的两个环节。第一个行动是拥有开放的思维，第二个行动是拥有整合数据的激情，第三个行动是以简明易懂的方式向客户传递信息。最后，如果没有一个固定的落实机制，你的要求便无法落到实处，就像树林中的一棵树倒了，却无人听到。

　　而领导力对激发协同力、消除工作中的痛苦具有关键作用。如果一个停滞不前的公司想要焕发出新的领导力，那么管理者就必须重建公司的使命、价值观以及结果评价体系，这两者绝对是密不可分的，必须相辅相成。

　　具体来讲，管理者需要做到以下几点。第一，领导者要体谅下属。领导者要满怀热情地关心下属，明白如何才能调动他们的积极性。第二，领导者要将自己视为"首席解释官"。领导者要通过自己的言语和行动为团队解释公司的使命和所需的行动，让团队成员明白自己所处的环境，明白工作的意义何在。第三，领导者要为下属的前进道路扫除障碍。领导者要为下属清除官僚主义作风和其他愚蠢的桎梏。第四，领导者要愉快地展示"慷慨基因"。下属取得了良好业绩之后，领导者要慷慨地、公开地庆祝，可以发奖金、给予晋升或提出表扬。第五，领导者要确保让下属快乐地工作。领导者要创造一个轻松愉快的环境，要为员工的进步举行庆祝仪式。

二、公司如何面对失败

公司之所以遭到创伤，是因为事前没有做好充分的应对准备，没有看到某个问题正在悄然向走来。比如，一个威胁自身竞争力的因素、一场文化变革、一项新技术等。采取什么样的补救措施，才能尽量挽回损失，使公司尽快恢复元气，重新开始正常运作，并大大降低再次遭到创伤的概率？我们给出以下六条建议。

（1）直面创伤，选择最佳的方法重新点燃员工的激情。

（2）留住优秀人才，采取一些鼓舞人心的举措。短期性的措施如涨薪，长期性的措施如根据其业绩表现给予更多的公司股份，以此留住人才。

（3）基于数据认真分析影响成本、业绩与增长的因素。分辨出哪些信息对公司有用，然后深入分析，明确地找出影响成本和增长的因素。

（4）采用快速敏捷的战略制订过程，倡导"五张幻灯片法"：分析竞争格局、竞争对手的最近活动、自己最近一年的活动、竞争环境未来可能的变化以及自己的优势。

（5）建立现代化的组织结构。

（6）让自己的担忧变得更有意义：真正愚蠢的是因自己有所担忧而焦虑不已！只要能弄清楚自己在担忧什么，并敢于面对，就是明智的担忧！

三、怎样实现业绩增长

业绩增长才是王道，如果组织的业绩不能增长，那么组织就不会取得长足的发展。作者提出了六个工具作为促进公司业绩增长的催化剂。第一，为公司注入新鲜血液，通过引进新人能够为公司引入全新的视角。第二，要集中资源，不要分散资源，根据已有的资金去规划支出，要在自己能够承担的范围内花钱。第三，重新定义创新，让每个人参与其中。创新理应是一种"渐进式改进"，创新可以是、也应该是一个循序渐进的、持续不断的、正常的事情；每个员工都应思考如何创新。第四，利用最优秀的人才实现增长计划。第五，为员工提供合理的薪酬，与时俱进的薪酬体系才能刺激一个公司实现快速增长。第六，通过任何必要的手段拉拢那些抵制增长计划的人，从而扫除公司业绩增长的障碍。

> 全球市场不只是用来出口或采购的，它们也有助于促进学习和创新。错过这个机会，就错过了走向全球过程中的一半乐趣和价值。

四、如何应对全球化

　　全球市场不只是用来出口或采购的，它们也有助于促进学习和创新。错过这个机会，就错过了走向全球过程中的一半乐趣和价值。随着全球化的不断推进，企业所面临的商业环境更加复杂，如何才能更好地应对全球化竞争？首先，制订互利共赢的全球化方案。通过独特的产品和技术、强大的品牌效应、互利共赢式采购，在公平的前提下展开合作，在外派期限问题上做出长远规划，以此实现与国外合作伙伴的互惠互利。其次，选择有洞察力的外派人员。所谓洞察力，

最基本的一点就是良好的判断力，同时具备商业头脑、文化敏感性和古老的智慧。这样的人才会最大限度地提高在外国事业取得成功的概率。再次，认真考虑风险。可以通过减少对某一国家的依赖性、严格合规的经营以及事无巨细的处事方法，管理全球化所带来的风险。最后，充分开发海外业务的潜力。在某个国家开拓市场之后，就能够以该国为根据地因利乘便地开拓邻近国家的市场，而不要单纯地把海外业务视为海外业务，要认识到它们是扩张和创新的前哨。

五、怎样简化财务分析

　　财务数据并非那些一般性的基础概念，对于从事制造业的人来说，这些数字可能

是库存周转量和单位成本；对于从事市场营销的人来说，这些数字可能是结清的账户数、维系的客户数和销售额的增长率；而对客户服务中心的经理来说，这些数字则会是接电话所用的时间、中断的通话数和留存的员工数。复杂的术语以及无数的缩略词加深了许多人对于财务的恐惧。事实上，要从事财务工作，并不需要成为一个数学天才，甚至都不需要太过于了解那些数据。最主要的就是你需要保持好奇心，要一直保持对差异的好奇，因为它们能告诉你生意运行的状况、未来的发展方向、为什么会这样发展以及发展的速度。具体来讲，要把握员工敬业度、客户满意度以及现金流三个关键的指标，明确数据不仅是用来计算的，而主要是被用来比较的，一定要时刻关注它们的差异变化。在面对数据的过程中要注意审阅，认真分析，敢于质疑它们的来源以及背后原因，并探讨这些数据的变动趋势以及会引发的后果。

六、如何做好市场营销

随着市场营销中科技革命的如火如荼，消费者也一直都在变化。他们变得越来越精明，注意力被吸引的时长越来越短，对营销信息也越来越免疫。但是，不能让自己被这些因市场营销不断变化而带来的杂音扰乱，从而忽略了市场营销最核心的内容，即合适的产品、合适的渠道、合适的价格、合适的宣传信息和合适的营销团队。

1. **产品**。日趋激烈的竞争使得推广变得越来越困难，成本也越来越高。所以，吸引，也就是通过自己产品的特性、长处和品牌故事来拉拢顾客如今变得尤为重要。

2. **渠道**。当谈到渠道的时候，要考虑的问题并不是"我们能通过多少渠道来吸引人们的注意力和购买欲望"，而是"我们应该选择哪些渠道才能卖出最多的产品从而获利"。

3. **价格**。定价就是确定你想要收取的价格（当然，也会与成本和品牌有关）和你认为产品消费者能够接受的价格，然后对两者范围之间的每一个价格进行测试。

4. **宣传**。尽管消费者都已经对铺天盖地的广告宣传麻痹了，他们也很抗拒在感情上被操控。但是，要想发展壮大，每个公司都必须把自己的产品卖出去。因此，应当采取"无条件试验"，多次测试选取最佳创意方案，通过"惊喜性试验"给消费者带来惊喜和新奇。

5.营销团队。市场营销不能仅靠自己、对外隔绝，而是要鼓起勇气、提高能力，告别单枪匹马的状态，多与他人沟通，多问问题，去邀请公司其他的部门帮自己履行好职责。

七、怎样做好危机管理

我们当前赖以生存的世界存在着如同罗马竞技场一般的激烈竞争，公关危机可能会冲击到各种公司，无论新老，无论是否以盈利为目标，概莫能外。一旦一个公司爆发公关危机，其内部的各级工作人员都难以幸免。

由于社交媒体的出现，在危机过程中，无论对于公司而言，还是对于个人而言，形势变化的速度都大大加快了。形势变化越快，问题越糟。虽然社交媒体有各种各样的好处，我们自己也是社交媒体热情的用户和消费者，但它们把世界变成了一个"回音室"，充斥着刺耳的声音和无情的嘲讽。一旦你的公司出了个坏消息，瞬间就可能传遍世界的每一个角落，这就像你刚喊了一声，还没来得及问对方"你听到了吗"，你的声音已经被社交媒体传到了对方耳朵里。

我们要意识到：无论多么努力地控制危机，它最后总是比想象得更大、更深刻；这个世界并不存在秘密之类得东西；媒体可能会丑化处理危机的方式；在处理危机的过程中，要对公司内部的人事安排和工作流程进行变革；如果应对得当，公司会在危机中生存下来，之后变得更好、更强大。

作者在此基础上提出了预防危机的原则。第一，在卷入危机之前就积累商誉，以备不时之需；第二，利用"多渠道"向公众发出响亮的声音；第三，要善待离职员工，不要让自己的愚蠢之举引发危机。事实上，很多危机都是由经理们的一些愚蠢行为导致的，是他们自己制造了大量的爆料者，招致了咄咄逼人的批评；第四，谨记一切终将过去，事情会好起来的。

八、领导者和领导力

领导者应该具备的关键素质可以用"4E+P"来概括，即最高效的领导者应该展现出活力（Energy）、鼓动力（Energize）、执行力（Executive）和决断力（Edge），所有这些都离不开激情（Passion）。

领导者必须坚持不懈地提升自己的团队，确保员工认可和践行公司的愿景，

阅读思考

> 领导者必须坚持不懈地提升自己的团队，确保员工认可和践行公司的愿景，向员工传递信心和乐观态度。

向员工传递信心和乐观态度。领导者必须以坦诚的精神和透明的态度去赢得员工的信任，有勇气作出艰难的抉择，并确保自己的指令能够得到切实执行。毫无疑问，他们还必须勇于冒险，并懂得拿出一些时间去庆祝员工或大或小的胜利。探求真实和打造信任是领导者应该坚持的两个底线。在这两个因素的共同作用下，一个人将具有更强大的领导力。所谓的探求真实，就是要坦诚地告诉人们他们所处的境地，并详细地告诉他们如何才能改善现状；就是直面公司的经营现状以及未来的挑战；就是认真思考公司战略、预算和其他流程背后的一些假定条件是否符合现实。在商业领域，求真务实的态度是一个具有竞争力的武器，能够提高公司的运作效率，提高公司的公平性、灵活性和创新性，让公司成为一个令员工向往的工作场所，员工也愿意为公司竭诚奉献。另外，要利用一切，建立互信。掌握正确的开会方式，鼓励下属公开辩论，领导者必须严格保守内心的秘密，明确表示所有人都平等地属于同一个团队，跳出自己的思维局限，站在对方的立场看问题，从对方的视角看待当前形势，理解对方的经历、需求、风险和价值观。

九、建立卓越的团队

在商业领域，如果单枪匹马地做事，不会产生什么良好的结果。商业依靠的是团队力量，正是由于这个原因，你必须找到正确的人共同奋斗。首先，要用正确的方法、严谨的态度和精心编写的招聘要求清单，遴选一些具有合适技能与行为方式的人才，帮助你落实公司的使命。招聘工作其实是很难做好的，仓促凑合只会让事情更糟糕。一旦有合适的人选，需要创建一个卓越的环境去激励和留住他们。为此，要努力消除公司的官僚主义风气，鼓励创新，给员工自由，为员工创造发展机会，让他们用主人翁的姿态去关心公司的发展，去为公

155

司做贡献。此外，还要利用差异化考核制度去消除不确定性的迷雾，让员工清楚地了解你对他们业绩的看法，给员工以及管理者创造一个把握自己命运的机会。"能人治理"的模式是行得通的。最后，还要将人力资源管理部门从琐碎的行政工作中解放出来，让他们专心致志地做真正需要做的事情：发现人才，帮助员工完善职业发展规划，建立能够改变员工和公司命运的优秀团队。

十、三类员工的管理

在公司中，总存在一群特立独行的人，其实可以说是三类人，这三类人管理起来特别具有挑战性。第一类从事尖端、复杂的技术工作，作者将其称为天才；第二类"流浪汉"主要是指在家工作的人、自由职业者或合同工；第三类"小偷"是指经常浪费领导者时间和精力的员工、业绩不佳的员工和经常制造矛盾的员工。多向天才们请教，提出自己的问题，不断深入探讨，同时要让他们知道你真正关心他们，希望能理解他们，你还要把复杂的大项目分解成几个易于理解的小部分。对于远程办公的员工，要借助通信工具与他们保持联络，

采用各种流程和技术实现公司使命的社会化。对于浪费时间和精力的员工，则要用坦诚和勇气坚决回击。

十一、走出事业低谷

如果在某一阶段停滞不前，无法实现自己的目标。就要尝试采纳以下建议：不要仅仅完成任务然后逆来顺受，而要超额完成然后有更多期待。要有"我不入地狱谁入地狱"的精神，再不济也无非当是积累了经验，但如果顺利的话，你个人的声誉会有很大转变。寻找有见地有想法的支持者，使自己说的话能被别人听到。不要把技术当作是年轻人的专利，不要因为年龄放弃学习新技术，把自己当成一个年轻人，努力学习最新技术。把每个人当作导师，努力从别人身上汲取智慧。最后一点，尽管很难，但也要做到，那就是：别再耍手段、唠叨不断，要心存善念，时刻鼓励别人。

书名：《商业的本质和互联网》
作者：许小年
出版社：机械工业出版社
出版时间：2020.01
ISBN：978-7-111-64340-1

未来组织的挑战

■ 作者 | 包政　张林先

编　前

著名管理学家包政教授在新书《未来管理挑战》中，提出要直面企业未来管理的挑战，帮助企业实现分工一体化，长久健康地发展。其中，包政教授从分工一体化的角度，分析了未来组织的基本逻辑和核心原则。

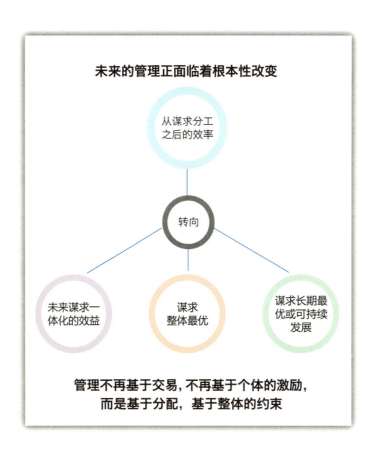

随着互联网、物联网的发展，以及产业的迭代，未来的企业不应再遵循所谓分工的逻辑，而应该遵循组织的逻辑。组织的逻辑核心是什么？其实就是能不能与消费者结成一体化的相互依存和相互作用的关系体系，来开始发展我们的产业。

一、产业社会的变与不变

人类社会三位一体的结构，自始至终没有改变。农业社会三位一体的结构是个人、家庭、社会。在工业社会，三位一体的结构没有改变，但是形态变了，是个人、机构（工商企业）、社会。

也就是说，未来变化的是形态，而不是结构。机构的形态可能会更加多样，将会有更多的非营利组织、个人工作室、社会化的功能性团队等形态出现，但是个人、机构、社会三位一体的社会结构不会改变。

相应地，分工和组织的基本原则不会改变，改变的是分工和组织的方式。

什么是分工的基本原则？说到底就是：每个个体都想发挥自己的长处，并且在可预期的一体化关系体系中获取个人最大化价值。

分工的产生有着自然动因，分工的原则某种程度上说是一种自然法则。人类社会无论如何发展，都必须遵循这种法则。

什么是组织的基本原则？"共创、共享、共有"。

要想每一个人都能够按照组织的要求去做，最根本的原理和原则就是"共创"和"共享"，就是一起做事、一起分享其成果和好处，还要加上"共有"，组织中的人拥有分享长期价值的权利。

只有遵循了组织的基本原则，一个企业乃至一个社会才有希望，才有可能在最大限度上发挥每一个人的主动性和创造性。

分工和组织基本原则不变，变化的是什么呢？是产业社会运行的基本逻辑以及分工和组织的方式。

过去的逻辑是从分工到组织，今后一定是从组织到分工。

工业时代，人们为了遵循生产的目的，按照劳动分工的形式形成了劳动组织，也就是企业和公司。而未来，这种关系将被重新塑造。未来人们将从一体化的关系开始，先形成一个社区，然后社区内部形成分工，使每个人发挥自己

> 未来人们将从一体化的关系开始，先形成一个社区，然后社区内部形成分工，使每个人发挥自己的作用。

的作用。

互联网蕴藏了改变的契机。通过互联网，供应者和需求者可以直接建立联系，构建供求一体化的关系体系，使得传统的运行逻辑变得没有必要。

在互联网的牵引下，未来整个产业社会具有社区化的趋势。未来的组织形态一定是以社区化的方式出现的，即德鲁克所说的"共同体"。社会上的各类企业变为一个个社区，组织的内部也由不同的部门变为一个个社区。

这会给企业和管理带来翻天覆地的改变。

二、共享大脑

工业社会形成了高度专业化的分工，诞生了知识工作者这一群体，让他们摆脱了流水线这一类的体力劳动的束缚。

然而，取代体力劳动束缚的是专业化的束缚。为了让他们的工作发挥价值，知识工作者需要依附于一种机构，依附于一种事业。知识的价值在于为他人所用。只有通过一系列转换，转化为他人的实践行为，哪怕是实践中的试错，知识才会变得有价值、有力量，成为一种具有价值创造的力量。

因此，企业构建知识系统，重要的不只是积累，不只是产生知识，还有知识的转化，把知识联结起来。这样的知识系统，必须把人脑的集合置于物质创造的价值流程之上，必须把人脑及其专业知识的集合置于机器系统之上。

只有这样，才能发挥劳动分工最大的价值，发挥知识最大的价值，把企业从关注于生产产品、扩大规模提高到关注于生产知识、创造未来的高度。

互联网真正的优势不仅仅在于它实现了汽车、房屋的共享，还在于它实现了人的大脑和智力的共享。互联网来了，让我们有机会去构建庞大的共同体。人们通过共同的偏好和理念联结在一起，形成社区，互为资源，然后吸引更多的人，形成更大的社区，最终能够影响供应链为这个社区提供服务，从而让更多的工商企业改造得更好。

因此，我们不再从分工开始而是从组织开始，当我们能够建立起数字化生存人群的社区，并去发展社区，就可以反过来去组织社会的供应链资源，为全体消费者作贡献。只要你建立起庞大的社区，就可以代表生活方式中的某个部分，然后围绕这个部分去组织产业链。这个过程中一定会产生一个产业组织，通过产业组织的协调，就能避免生产的盲目性、供求的盲目性，这条产业链也就被有效地组织起来了。

三、共有企业

未来，知识工作者的自我意识将进一步被唤醒和强化。工业化以来人们被训练出来的服从意识、唯命是从或不爱动脑子的习惯，将会重新面临挑战。

企业要做的是坚守"共创、共享、共有"的组织原则，炸开企业的金字塔尖，让更多的知识员工参与到长期价值分享，以及企业的战略决策过程中。

历史上，员工对企业的价值贡献是逐步被认可的。一开始，员工仅仅能获得计时工资，然后拿到和工作量相关的计件工资，再以后获得奖金、佣金，最后获得期权、股权和分红。

知识员工对企业的贡献是不可以简单量化的，也就难以通过计件工资、奖金等来激励其工作。只有通过工作来激励其工作，让他们愿意把这件事情当作自己的事情，拥有对这件事情负责到底的责任心。

这就需要员工"共有"这家企业，让他们拥有和创始人一起创业的地位，分享创业过程中的创业红利，即成就和成就感。

从另一个角度讲，工业化初期，像福特这样的知识工作者很容易成为创业家，一旦成功，就可以让很多人——绝大多数是体力劳动者，为他工作。现在的知识工作者都拥有专业化知识，创业的老板只有把他们当作自己的创业伙伴、事业上的同僚，甚至是为他们服务，他们才愿意和你一起工作。

企业老板和知识员工组织到一起，为客户作贡献，是当今企业存续的唯一道路。

随着互联网的应用，企业将会逐渐平台化。企业中的专业职能部门，那些支持性的业务、服务性的职能，会被企

> 企业老板和知识员工组织到一起，为客户作贡献，是当今企业存续的唯一道路。

业内部的互联网平台所取代，剩下的只是那些功能性团队在发挥作用。功能性团队会直接面对顾客，所以激励和约束将直接由市场传递过来。如《华为基本法》所说，要让每个员工能够处在无依赖的市场竞争压力之中。

到了那个时候，企业一定会去KPI，一定会去中介化。也就是说，过去传递老板意志、老板意图去推动员工为顾客创造价值的中间环节会被省掉。

因此，企业内部也会社区化。那么，这时候老板要干什么呢？过去，老板主要负责把市场的需求、方向传递给全体员工，当然他必须借助于管理阶层形成科层。今后的老板可能也是专业化的功能型团队，行政职务赋予的权力基础被

动摇，专业能力、专业知识、专业经验所赋予的专家权威，将会有更强的支配力和影响力。

中国古人讲过，乡里同井，守望相助。人们本来就应该过这样的生活，这种需求没有因为进入工业化时代而改变，相反，工业化的大楼中缺少邻里往来，反而让需求变得更加强烈了。

四、互联网重构

如同上文所说，互联网可以使传统企业在数字化平台上直接构建供求一体化的关系体系。互联网可以将消费者组织起来，将供求双方通过各种硬的手段进行连接，比如，活动连接、IT连接；也可以从更顺畅便捷的交流开始，形成有温度、带情感的连接，最后使这些消费者达成共识，拥有共同的生活方式、生活理念、生活态度、生活追求等，形成一个互联网社区。

到这个时候，企业将不会是产品的代言人，而是社区消费者代言人，形成"社区商务方式"。今后的组织一定是以产业的方式、社区的方式组织起来，实现供求一体化，再倒过来去整合供应链。

当你拥有一亿人的庞大社区时，它

就成为一个强大的市场力量，就可以反向要求供应链当中的相关合作企业，为这群人认定的生活方式作贡献。

相应地，过去的劳动组织方式也发生了改变，支持性、服务性的职能也互联网化了、平台化了。平台上活跃着一系列的功能性小组，这意味着组织方式改变的同时，分工方式也发生了变化。社区商务方式中没有科室层级，相应功能完全是围绕着消费者的需求展开的，每人负责一方面的需求，尽力去满足消费者。

社区中会有一个一个的功能团队，也就是我们常说的创客、小微企业。对于每个功能团队来说，是直接一单到底，所以分工方式发生了很大变化，而且确实去 KPI、去中介了。在这种情况下，企业一定是跨界的，有些功能能够跟合作者合作，就没必要自己建了，这样就实现了轻资产。

所以说，互联网真的会改变分工方式和组织方式。🆔

书名：《未来管理挑战》
作者：包政、张林先
出版社：机械工业出版社
出版时间：2020.01
ISBN：978-7-111-64297-8

本栏目文章编选：彭雄良　中国人民大学劳动人事学院博士研究生